# 古書이야기

# 古書이야기

壺山房 주인 박대헌의 옛 책 閑談客說

열화당

표지 이미지
김영주(金榮注)가 장정한
서정주(徐廷柱)의 『귀촉도(歸蜀途)』
(선문사, 1948) 표지에서.

# 『고서 이야기』를 내며

제비꽃이 피었습니다.
자꾸만 눈물이 납니다.
제비꽃 때문이 아닙니다.
(박대헌, 「제비꽃」, 2000)

지금 영월책박물관 운동장 양지바른 곳에는 제비꽃이
한창이다. 사실 나는 영월에 내려간 그 첫해에 제비꽃을
처음 보았다. 물론 그 이전에도 어디선가 보았겠지만 기
억에는 없다. 녹두알만 한 보라색 꽃망울은 찬바람 속에
서 힘겨워 보였으나 그 눈빛만은 여간 맑지 않았다. 그후
나는 제비꽃과 함께 운향(芸香)의 얘기를 나누곤 했다.

볕이 잘 드는 이층 서재에 수천 권의 장서를 갖추고 책
속에 파묻혀 살았으면 하던 것이 내 십대 후반의 꿈이었
다. 다행인지 나는 고등학교 시절부터 고서에 관심을 갖
게 되었고, 도서관 서고의 책 냄새를 유난히 좋아해 많은
시간을 그곳에서 보냈다.
그러다 1983년에 고서점 호산방(壺山房)을 차렸고,
1999년에는 영월의 폐교를 빌려 책박물관을 설립하기에
이르렀다. 또 그 사이에 『서양인이 본 조선』과 『우리 책
의 장정과 장정가들』을 펴냈는데, 두 책이 각각 기획부문
과 장정부문에서 한국출판문화상을 받기도 했다. 이처럼

십대 시절부터 지금까지 나는 책과 함께 평생을 살아왔고 또 앞으로도 그럴 것이다. 그렇다고 나와 책의 인연이 그렇게 행복하지만은 않았다. 『서양인이 본 조선』을 출간한 것은 그렇다 치고, 나의 모든 꿈을 박물관과 영월에 걸었던 일은 돌이켜보면 지나친 짝사랑이었는지도 모른다.

경기대학교 국문과 교수를 역임한 강기진(康琪鎭) 선생은 나의 고등학교 은사이시다. 스승은 키가 작고 호리호리한 체구에 다리를 절었다. 쇳소리에 가까운 목소리에 입은 걸어 여간 까다롭지 않은 분이셨다. 학생들을 부를 때에는 항상 '제군들!' 하면서 한껏 위엄을 보이시고는 당신도 쑥스러운지 입가에 미소를 짓곤 했다.

아! 강낭콩꽃보다도 더 푸른
그 물결 위에
양귀비꽃보다도 더 붉은
그 마음 흘러라.

하루는 수주(樹州) 변영로(卞榮魯)의 시 「논개」를 카랑카랑한 목소리로 읊으시더니, 수주의 술주정에 관한 얘기로 내리 세 시간을 마쳤다. 당대의 술꾼이던 수주가 자신의 술주정 인생을 흥미진진하게 풀어놓은 『명정사십년(酩酊四十年)』이야기였다.

스승 특유의 입담으로 들려주는 수주의 얘기들이 내겐

그저 단순한 술주정으로만 들리지가 않았다. 그날 나는 학교를 마치자마자 『명정사십년』을 구하려고 그 길로 청계천으로 갔다. 지금은 명성이 많이 쇠락했지만 당시 청계천에는 사가부터 팔가까지 헌책방이 백여 군데 넘게 있었다. 가히 헌책방의 천국이라 할 만했다. 나는 그때까지만 해도 이곳을 몇 번 지나치기는 했지만 책방에 들어가 본 적은 한 번도 없었다. 그저 막연히 온갖 책들이 다 있는 곳이라고만 생각하고 있었다. 하지만 그러한 기대는 서너 시간을 허비한 후에 여지없이 무너졌고 묘한 오기(?)만 남았다. 그날 스승이 "제군들, 이 책을 한번 구해 읽어 보게나. 그러나 쉽게 구할 수는 없을 걸세"라고 하던 말씀이 무슨 뜻이었는지는 청계천 헌책방을 여러 차례 다닌 후에야 알게 되었다. 이렇게 해서 나와 고서의 인연은 시작되었다. 결국 그 책은 이삼 년이 지나서야 구할 수 있었고, 그때는 이미 고서의 묘미에 한껏 빠져 있을 때였다.

『명정사십년』은 1953년 서울신문사에서 출판되었으니 나와는 동갑이다. 책 표지에는 얼큰하게 한잔 걸친 수주의 모습이 있었는데, 처음 접하는 순간 왜 그리 가슴이 뛰던지. 그날 밤 그 책 한 권을 다 읽어 나가면서 혼자 얼마나 웃어 댔는지 모른다. 누가 옆에 있었다면 아마도 실성한 사람으로 보았을 것이다.

『명정사십년』은 수주가 자신의 술주정에 얽힌 일화를 쓴 책이다. 술 좋아하는 사람치고 술에 얽힌 일화 한두 개쯤 갖고 있지 않은 사람은 없을 것이다. 하지만 그 일화란 것이 자신의 추태를 드러내는 경우가 대부분이라 선뜻

남에게 애기하기가 꺼려지는 것이 보통이다. 그러나 수주는 이를 솔직담백하게 드러내 놓았다. 설령 술꾼이 아니더라도 『명정사십년』은 그 정서를 함께 느끼고 공감하기에 충분한 책이다. 아무튼 나는 그 책을 찾아다니다 고서 수집에 빠져 들었고, 결국 그 인연으로 평생을 책과 함께하게 되었다. 이렇게 『명정사십년』은 나의 운명을 갈라놓았다.

이 책 『고서 이야기』는 그 동안 내가 호산방과 영월책박물관을 설립하고 꾸려 오면서 고서와 함께한 이십오년 세월을 정리한 것이다. 제1부는 고서를 수집할 때 유념해야 할 사항 등을 설명한 수집의 길잡이 편으로, 고서의 정의와 수집의 기본요건, 수집에 얽힌 갖가지 일화를 소개했다. 제2부는 수집 비화 편으로, 나의 고서 수집기와 함께 김삿갓 가짜 글씨의 실례를 통해 고서 감정의 요령을 설명했다. 제3부는 나의 고서 인생 편으로 호산방과 내가 펴낸 두 권의 책에 얽힌 이야기, 내 평생의 꿈인 영월책박물관과 책마을에 관한 이야기를 실었다.

나는 이 책에서 고서가 우리 생활에서 어떤 가치를 지니고 있는지 이야기하고 싶었다. 고서 수집의 요령과 고서의 활용이라는 측면에서, 영월에서 책박물관을 운영하면서 느끼고 경험한 많은 것들을 고스란히 전달하려고 했다. 그럼에도 불구하고 여러 가지 형편상 많은 어려움이 따랐음을 고백하지 않을 수 없다. 이 책을 계기로, 그 동안 영월책박물관 사업으로 소홀할 수밖에 없었던 호산방 운영에 새로운 전기를 마련했으면 하는 바람도 있다. 그렇다고 고서에 대한 막연한 동경심이나 호기심을 자극해 무조건 고서 수집을 부추기고자 이 책을 쓴 것은 결코 아니다. 고서 수집을 권장한다기보다는, 고서를 수집할 때 경계하고 삼가야 할 것은 무엇인지 일러 주고픈 마음으로 이 책을 썼다.

이 책에는 실제 인물들이 여럿 언급되는데, 어떤 이는 실명을 밝히고 어떤 이는 익명을 사용했다. 이렇게 하기에 앞서 많은 고민을 했다. 혹시 본의 아니게 이들에게 누를 끼치지나 않을까 하는 염려에서다. 그래서 더욱, 개인적인 감정이나 편협한 생각에 치우치지 않으려고 많은 노력을 했다.

내 평생의 꿈이자 의지인 책박물관과 책마을을 생각하며, 일반 독자는 물론 고서 수집가나 연구자, 박물관을 설립하고 운영하고자 하는 사람들, 지역문화 발전을 꿈꾸는 공직자들에게 나의 이 경험이 작은 보탬이 된다면 좋겠다.

2008년 제비꽃 피는 봄날 영월에서
박대헌(朴大憲)

# 차례

## 잊지 못할 책, 못다 한 이야기

### 내 마음의 책

### 김삿갓 소동

## 책의 길을 걸으며

### 호산방(壺山房)

# 고서의 세계

# 고서란 무엇인가

## 고서는 헌책이 아니다

책은 '도서(圖書)' 또는 '서적(書籍)'으로 표기되기도 한다. 도서는 '하도낙서(河圖洛書)'의 준말로, 중국 성대(聖代)에는 "황하(黃河)에서 그림이 나오고, 낙수(洛水)에서 글씨가 나왔다"는 고사에서 유래된 말이다.

책이란 한자의 '冊' 자에서 비롯된 말로, 옛날에 댓가지나 나무에 글을 새겨 그것을 나란히 꿰맨 데서 그 모양을 본뜬 글자이다. 『한국서지학사전』(1974)에는 "어떤 사상이나 사항을 글이나 그림으로 표현한 종이를 겹쳐서 꿰맨 물체의 총칭"이라고 풀이되어 있다. 그러나 비록 사람의 사상이나 감정을 나타낸 것이라 하더라도 내용 면에서 어떤 체계를 이루어야 한다. 여기에 더하여 국제적인 규정은 사십구 면 이상의 분량을 요구하고 있다. 그러나 이와 같은 요건을 갖추었다 하더라도 휴대나 열람에 적당치 못하다면 진정한 의미의 책이라 말할 수 없다. 이처럼, 책이란 무엇인가에 대한 정확한 설명을 보다 구체적이고도 논리적으로 풀어내기는 쉽지 않다.

국어사전에서는 고서를 '옛 책, 고서적' 또는 '헌책'이라 정의하고 있다. 이는 모두 옛날 책, 즉 오래된 책을 뜻하는 말임에 틀림없다. 그러나 '헌책'이라 하면 낡은 책 또는 오래되어서 허술한 책으로 이해할 수도 있다. 군이 옛 책(고서적)과 헌책을 구분한다면, 비교적 가치가 있으면서 오래된 책을 옛 책 즉 고서라 할 수 있고, 비교적 가치가 덜하면서 오래되지 않은 책을 헌책이라 말할 수 있다.

이에 대하여 한국고서동우회(현 한국고서연구회)에서 는 "1959년 이전에 출판된 책을 고서라고 할 수 있다"고 규정한 바 있다. 이는 우리나라의 여러 가지 실정으로 미 루어 볼 때 "그때까지 출판된 책을 도서관이나 그 밖의 수집가들에게서 쉽게 찾아볼 수 없다"는 사실을 그 근거 로 하고 있다. 물론 이것은 상당히 타당성있는 기준으로 생각할 수 있다.

그러나 1959년을 기점으로 역사적으로나 출판사적으 로 어떤 뚜렷한 사고나 사건이 있었던 것은 아니다. 따라 서 나는 육이오전쟁이 끝난 1953년을 기점으로 하는 것 이 더 바람직하다고 본다. 육이오전쟁은 우리 근대사의 커다란 사건으로 이 당시 수많은 책이 소실되었을 뿐만 아니라, 전쟁 중에는 출판활동에 많은 제약이 따라 이 기 간 중에 출판된 책의 수가 매우 적기 때문이다.

물론 이와 같은 기준들은 어디까지나 고서를 규정짓기 위한 최소한의 편의일 뿐 어떤 구속력이나 절대성을 갖 는 것은 아니다. 어느 시점 이전의 책은 귀하고 그 이후의 책은 귀하지 않다는 것은 아니다. 오래된 책임에도 불구 하고 고서로서 가치가 덜한 것이 있고, 그다지 오래되지 않은 책이라도 매우 귀한 가치를 지닌 책이 있기 때문이 다. 다시 말해 오래되었다고 해서 모든 책이 고서로 대접 받는 것은 아니다. 양서(良書)라야 고서로서 대접받는 법

1. 구한말 장터에서 일용품과 함께 책을 팔던 좌판 (언더우드의 『토미 톰킨스와 함께한 한국 생활(*With Tommy Tompkins in Korea*)』, 1905).

이다. 그렇다면 양서란 어떤 책일까. 요즘의 출판과 비교해 보면 재미있는 답을 얻을 수 있다. 출판된 지 오십 년, 백 년 후에도 고서 수집가가 찾을 만한 책이라면 양서로 보아도 좋을 것이다. 지금의 베스트셀러가 얼마 지나지 않아 세간의 관심에서 멀어지는 것과는 좋은 대조다.

한적(漢籍)은 한지에 인쇄 또는 필사를 하여 꿰맨 책으로, 우리의 전통적인 출판 방식으로 만들어진 책을 말한다. 모리스 쿠랑(Maurice Courant, 1865-1935)은 우리 옛책의 인상에 대해, "볼품없는 것들로 크기는 보통 팔절판에서 십이절판이고 별로 두껍지 않으며, 표지는 견고하지 못한 노란 살굿빛 조잡한 종이에, 무늬를 조각한 목판으로 눌러 새긴 반들거리고 빽빽한 양각(陽刻)의 무늬로 장식되어 있다"고 말한 바 있다. 이것은 구한말 서울 광교 부근이나 시골 장터에서 좌판을 벌여 책을 판매하던 모습을 보고 기록한 것이다.(도판 1) 당시는 이제 막 서

2. 주희(朱熹)의 『강목(綱目)』
(목판본, 조선시대). 붉은색 실로 다섯
바늘을 꿰매 제본했다.

양의 신식 인쇄술이 우리나라에 들어와 우리의 전통 인쇄술과 뒤섞여 일견 조잡한 인쇄물이 많이 출판되던 시기이기도 하다. 쿠랑이 위에서 설명한 책들은 구한말의 저급 상업출판물로서의 한적을 이르는 것이다.

쿠랑은 우리 책의 제본 방식에 대해, "책들은 홍사(紅絲)로 다섯 혹은 여섯 군데를 꿰매 놓았다"고 말하고 있다. 이는, 중국이나 일본의 고서는 네 군데나 여섯 군데를 꿰매는 데 비해 우리나라 고서는 보통 다섯 군데를 꿰매는 '오침안정법(五針眼釘法)'으로 제본되어 있음을 이른 것이다.(도판 2) 또 종이의 질과 인쇄 상태에 대해서는, "종이는 잿빛을 띠고 아주 얇고 부드러운데, 지푸라기나 자그마한 먼지 또는 흙알갱이가 낀 구멍들이 있어 자연히 이런 곳에는 인쇄가 되지 않는다"고 설명하고 있다. 사실 우리 한적에 사용된 종이의 질은 매우 우수한 편이다. 쿠랑이 이르는 것은 구한말의 상업출판물 중에서도 그 됨됨이가 조악한 인쇄물이다.

쿠랑은 이러한 책 외에도 "완전치 못하거나 닳거나 더러워진 것, 뜯어졌거나 좀먹은 것들도 있었다"고 했다. 이것으로 미루어 좌판이나 전방(廛房)에서는 신간 서적뿐만 아니라 고서도 판매했음을 짐작할 수 있다.

앞에서 언급한 이야기는 쿠랑의 『한국서지(韓國書誌, *Bibliographie Coréenne*)』(이희재 역, 일조각, 1994) 서론의 기록들이다. 서지(書誌)란 고문헌이나 희귀본의 체제·내용·가치·보존상태 따위를 조목조목 밝힌 기록을 말한다. 따라서 서지 연구는 모든 분야의 학문 연구에서 가장 먼저 이루어져야 하는 중요한 기초작업이다. 이러한 점에서 볼 때 한국 고서의 서지 연구에서 가장 훌륭한 책을 둘만 꼽으라면 바로 쿠랑의 『한국서지』와 마에마 교사쿠(前間恭作, 1868-1942)의 『고선책보(古鮮冊譜)』를 들 수 있을 것이다.

쿠랑의 『한국서지』는 모두 네 권으로, 1894년부터 1901년까지 프랑스에서 출간되었다. 프랑스의 동양학자 겸 외교관인 쿠랑은 1890년 5월 조선에 입국하여 조선 주재 프랑스 부영사(副領事) 겸 통역사로 이 년간 근무했다. 이 책의 편찬에는 1887년 조선의 첫번째 프랑스 외교관으로 온 빅토르 콜랭 드 플랑시(Victor Collin de Plancy)와 프랑스 카톨릭 선교사 뮈텔(Mutel) 주교의 도움을 많이 받았다. 이 책은 고려시대의 『고금상정예문(古今詳定禮文)』에서부터 구한말의 『한성순보(漢城旬報)』에 이르기까지 삼천팔백이십일 종의 도서를 교회(敎誨)·언어·유교·문묵(文墨)·의범(儀範)·사서(史書)·기예(技藝)·교문(敎門)·교통의 아홉 부로 분류하고, 각 문헌에는 불어로 해제를 붙였다. 책머리에는 장문의 서론이 있는데, 여기서는 조선 도서의 성격과 특징을 언급한 데 이어 언어와 문자, 유·불·도 사상을 비롯하여 역사·지리 · 전례(典禮) · 정법(政法) · 수학 · 천문학 · 병법 · 의술 · 점성술 · 예술 등을 문화사적 시각에서 개관했다.

마에마 교사쿠는 일본의 한국어학자로, 1891년 게이오기주쿠(慶應義塾)를 졸업한 뒤 유학생으로 내한하여 1894년부터 인천영사관에 근무하다가 1900년 시드니로 전임했으나, 이듬해 다시 한국으로 돌아와서 공사관의 이등 통역관이 되었다. 1910년에는 총독부 통역관으로 일하다가 1911년 귀국했다. 그는 한국에 머무는 동안 한국 고서의 수집과 연구에 전념했고, 수천 권의 고서를 수집하여 이를 바탕으로 『고선책보』를 출간했다.

『고선책보』는 사륙배판 크기에 이천 쪽이 넘는 분량을 세 권으로 나눈 책이다. 첫번째 권이 1944년, 두번째 권이 1956년, 그리고 세번째 권이 1957년에 나왔으니, 완간되기까지 십 년이 더 걸린 셈이다. 첫번째 권은 일본의 도요분코(東洋文庫)에서 출간했으나 일본이 패망한 뒤 그 후속권을 출판할 엄두도 내지 못했다. 그러다 일본 문부성의 지원으로 완간을 보게 되었지만 저자는 생전에 자신이 쓴 책의 완간을 보지 못하고 세상을 떠났다.

우리나라 고서의 특색으로는, 첫째 오래된 고서가 많다는 것을 들 수 있다. 지금도 고서점이나 골동품 가게에 가면 고서가 수북이 쌓여 있는 것을 어렵지 않게 발견할 수 있다. 질과는 상관없이 수적으로는 대단히 많은 것이 사실이다.

우리나라는 역사적으로 외세의 침입이 많았던 나라다. 가깝게는 육이오전쟁을 겪으면서 이전의 전쟁과는 비교

할 수 없을 정도로 온 나라가 황폐화했다. 또 개화기부터 육이오를 전후한 시기까지 우리의 전적(典籍)과 고서화가 무차별적으로 약탈당하거나 또는 헐값에 외국으로 팔려 나갔다. 수없이 많은 전쟁의 참화를 겪고도 이만큼 고서가 보존되어 온 것을 보면 우리 출판문화가 매우 발달했음을 짐작할 수 있다. 또한 1960-1970년대 새마을운동과 주택개량사업으로 인해, 수백 년 동안 집안 대대로 전해 내려오던 온갖 고서들이 막 쏟아져 나왔다. 이런 고서들은 전국의 유명 박물관과 도서관에 소장되거나 수집가들의 손에 들어가고도 아직도 심심찮게 나돌고 있다.

둘째, 한글은 우리 민족 고유의 문자로 이는 우리나라 출판인쇄물에서만 볼 수 있는 특성이다.

셋째, 한국 특유의 활자본과 필사본이 많다. 물론 활자본이나 필사본이 우리나라에만 있는 것은 아니지만, 고활자본이 우리나라처럼 발달한 나라는 없다. 특히 우리나라 고서 중에는 필사본이 많다. 인쇄본을 찍어내기까지는 많은 시간과 공이 들어가야 하므로 수요가 많지 않은 분야의 책들은 자연 출판이 어려웠다. 그러다 보니 다양한 분야에서 필사본이 만들어졌고, 그것들이 지금 매우 귀중한 자료가 된 것이다.

## 위편장본(韋編裝本)과 절첩장본(折帖裝本)

고서를 자세하게 분류하자면 끝이 없지만 그 대강을 살펴보면, 나라별 또는 지역별로는 한국본(韓國本)·일본서(日本書)·당판본(唐版本)·서양서(西洋書) 등으로 나뉘고, 시대별로는 고려본(高麗本)·송판본(宋版本)·개화기간본(開化期刊本) 등으로 나뉘며, 발행소를 나타내는 판원별(版元別)로는 서원판(書院版)·사찰판(寺刹版)·관판(官版)·방각본(坊刻本) 등으로 나뉜다.

방각본은 조선 후기에 상업적인 목적으로 민간에서 출판된 도서를 말한다. 원래는 중국 남송(南宋) 이후 영리를 목적으로 하는 서점에서 출판한 사각본(私刻本)이란 말에서 유래되었다. 한국에서는 앞서 언급한 일본 서지학자 마에마 교사쿠에 의해 방각이라는 용어가 처음 사용됐다. 우리나라에서 방각본이 출현한 시기는 조선 중기 이후로, 발행 장소에 따라 경판본(京板本)·완판본(完板本)·안성판본(安城板本) 등으로 구분된다.(도판7)

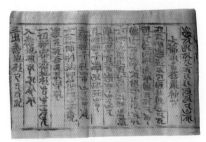

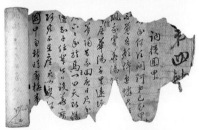

3. 복장(腹藏)에서 나온 불경(단엽장본, 1700년대, 위).
4. 송시열(宋時烈) 회갑연 두루마리 시축(詩軸, 필사본, 1667, 아래).

간사별(刊寫別)로는 인본(印本)·사본(寫本)·목판본·활자본으로, 간순별(刊順別)로는 초간본(初刊本)·후쇄본(後刷本)·복각본(覆刻本)으로, 제판별(製版別)로는 탁본(拓本)·영인본(影印本)·석판본으로 나뉜다. 활자별로는 목활자본(木活字本)·철활자본(鐵活字本)·동활자본(銅活字本)·도활자본(陶活字本)·석활자본

5. 『서법(書法)』(절첩장본, 조선시대, 위).
6. 이황(李滉)의 『성학십도(聖學十圖)』
(선풍장본, 조선시대, 아래).

(錫活字本)·포활자본(匏活字本)·연활자본(鉛活字本)으로, 사본별(寫本別)로는 친필본·사경(寫經)·원고본·초본(抄本)·정사본(淨寫本)·미간본(未刊本)·수정본(修正本)으로 나뉜다.

제책별(製冊別)로는 양장본(洋裝本)·한장본(漢裝本)·단엽장본(單葉裝本)·선풍장본(旋風裝本)·권자본(卷子本)·위편장본(韋編裝本)·절첩장본(折帖裝本)·축절첩장본(縮折帖裝本)·선장본(線裝本) 등으로 나뉜다. 단엽장본이란 말 그대로 낱장으로 만들어진 책을 말한다.(도판 3) 선풍장본은 한 장의 표지로 책의 앞뒤와 등을 덮어 싸는 것으로, 선풍엽(旋風葉)이라고도 한다. 이러한 장정은 법첩(法帖)이나 불교 경전에 많이 보인다.(도판 6) 권자본은 두루마리로 만들어진 책을 일컫는다.(도판 4) 가죽 끈으로 맨 책을 위편장본이라고 하는데, 이는 『사기(史記)』「공자세가(孔子世家)」의 "위편삼절(韋編三絶)"에서 유래된 말이다. 위편삼절은 독서에 힘씀을 이르는 말로,

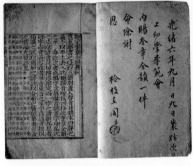

7. 작자 미상의 『소대성전(蘇大成傳)』
(방각본, 조선 후기, 위).
8. 내사기가 적혀 있는 『규장전운(奎章全韻)』
(목판본, 조선시대, 아래).

공자가 『주역(周易)』을 즐겨 읽어서 책을 묶은 가죽끈이 세 번이나 끊어졌다는 고사에서 유래했다. 절첩장본은 두루마리식으로 길게 이은 종이를 옆으로 적당한 폭으로 병풍처럼 접고, 그 앞과 뒤에 따로 표지를 붙인 장정이다.(도판 5) 축절첩장본이란 본문의 종이를 한 장 한 장 가로와 세로로 모두 한 번 이상 접어 판형을 극소화한 책을 말한다. 이러한 제책 방식은 주로 지도나 족보 같은 필사본에서 볼 수 있다.

가치별로는 진본·귀중본·희귀본으로 나뉘며, 내용별로는 문학서·법률서·병서(兵書)·문집으로 나뉜다. 책의 상태에 따라서도 분류를 하는데, 완전본·영락본(零落本)·결본(缺本)·섭치본·파본(破本)·선본(善本)으로 나눌 수 있다. 영락본이란 볼품없는 책을 초목의 꽃이나 잎이 시들어 떨어짐에 비유하여 일컫는 말로, 섭치본과 비슷한 말이다. 이와 반대로 보존상태가 좋거나 오래된 희귀한 책, 또는 내용이 뛰어나고 제본이 잘 되어 있는 책을 선본이라 한다.

유통별로는 내사본(內賜本) · 진상본(進上本) · 어람본(御覽本) · 한정본 · 기증본 · 복장본(伏藏本)으로 분류된다. 내사본이란 임금이 신하에게 내린 책으로, 그 유래를 기록한 '내사기(內賜記)'가 적혀 있다.(도판 8) 이 외에도 고서의 종류는 분류하는 사람의 관점에 따라 달라지기도 하고 그 수가 늘어나기도 한다.

## 헌책방과 고물장수

고서는 유전(流轉)하는 물건이다. 오늘 갑이 샀다가 내일 을에게 넘기는가 하면, 모레는 다시 병의 손에 들어간다. 이처럼, 지금 내가 소장하고 있는 고서도 언젠가는 남의 손에 들어가게 된다. 다만 지금 내가 잠시 보관하고 있을 뿐이다.

고서는 일반적인 생활용품과는 달라서 구입처와 판매처가 일정하지 않다. 또한 엄밀히 말하면 똑같은 고서는 세상에 존재하지 않는다. 따라서 팔고 사는 사람에 따라 가격도 천차만별이다. 고서가 유통되는 경로는 매우 다양하나, 그 중에서 고서점을 통한 유통이 가장 일반적이라 말할 수 있다. 그런데 수년 전부터 점차 인터넷 고서점과 경매를 통한 고서 매매가 고서 유통의 새로운 축으로 나타나기 시작했다. 이는 시대 변화에 따른 자연적인 현상이겠으나, 고서의 특성상 인터넷을 통한 유통에는 한계가 있을 수밖에 없다. 고서는 직접 눈으로 보고 구입하는 것이 일반적이라 하겠다. 또한, 지금은 고물장수를 통해 고서가 유통되는 경우가 많이 줄었지만 십여 년 전까지만 해도 이러한 유통 형태가 주류를 이루었다. 변두리 헌책방에서는 아직도 고물장수에 의존해 책을 구입하는 경우가 적지 않다.

1974년경 하루는 원효로 부근의 한 헌책방에 들렀다. 책방 주인은 종교적인 신념 때문에 군대 가는 대신 감옥에 갔다 올 정도로 신앙심이 두터운 사람이었다. 직장생활하기에도 마땅치 않아 헌책방을 차렸다고 했다. 당시 나는 군입대를 앞둔 때라, 군대 대신 감옥을 다녀왔다는 그의 말이 그저 영웅담처럼 들렸다.

웬일인지 그의 가게에는 고물 장사꾼들이 끊임없이 리어카를 끌고 오곤 했다. 그들은 수집한 책들을 가게 앞 골목길에 부려 놓고 책방 주인이 필요한 책을 고르면 나머지는 다시 자루에 담아 고물상으로 가져가곤 했다. 책값은 책방 주인이 치러 주는 대로 두말없이 받아 가면서 연신 고맙다고 했다. 그도 그럴 것이, 파지 값만 받는 고물상보다는 헌책방에 파는 것이 훨씬 이문이 나기 때문이었다. 이처럼 예전 헌책방 사업의 성패는 동네 고물장수들과 어떠한 관계를 맺는가에 달려 있다고 해도 지나친 말이 아니었다. 그런 면에서 그 책방 주인은 제법 수완이 좋아 보였다.

그날도 고물장수가 리어카를 끌고 왔다.

"오늘은 뭐 시꺼먼 책이 좀 나왔는데…."

"어디 좀 볼까."

책방 주인이 자루 속의 책을 확 쏟았다. 최근의 잡지·소설 등과 함께 고서 한 무더기가 쏟아졌다. 『현해탄』

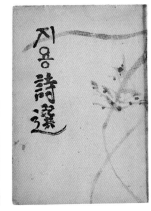

9. 임화의 『문학의 논리』(학예사, 1940, 왼쪽).
10. 정지용의 『지용시선』(을유문화사, 1946, 오른쪽).

『문학의 논리』『지용시선』등 수십여 권이었다. 그때까지
만 해도 말로만 들었지 모두 실제로는 처음 보는 책들이
었다. 옆에서 쳐다보는 내 가슴이 다 뛰었다. 그런데 주
인은 잡지와 소설 등 최근에 나온 책들만 남기고 모두 자
루에 담더니 못쓰는 거라며 돌려보내는 것이었다.

고서 수집에서는 몇 가지 불문율이 있다. 그 중 하나가
서점 주인이나 다른 사람이 흥정하는 도중에는 절대로
끼어들거나 참견해서는 안 된다는 것이다. 나는 이미 그
정도의 눈치는 있었기에 처음부터 못 본 체했다. 저 귀한
책들을 못쓴다고 하니 주인더러 사라고 할 수도 없고, 그
렇다고 내가 사겠다고 나설 수도 없어 어떻게 하면 좋을
까 망설이고 있는데, 고물장수는 벌써 저만치 가고 있었
다. 나는 얼른 책방 주인에게 말을 건넸다.

"아까 그 책들 중에 필요한 책이 있는데 내가 사도 되겠

습니까?"

주인은 흔쾌히 그러라고 하면서, 막 골목을 벗어나려는 고물장수를 불러 세웠다. 그렇게 해서 그 책들을 모두 헐값에 구할 수 있었다.

『현해탄』은 임화(林和, 1908-1953)의 대표 시집으로 1938년 동광당서점에서 발행했으며, 『문학의 논리』(도판 9) 역시 임화가 1940년 학예사에서 발행한 문학이론서이다. 시인이자 문학평론가인 임화는 조선프롤레타리아예술동맹(KAPF) 서기장을 지냈고, 1947년 월북했다. 『지용시선』(도판 10)은 정지용(鄭芝溶, 1903-?)의 시집으로 1946년 을유문화사에서 발행되었다. 정지용은 육이오 때 납북된 시인이다.

그날 내가 구한 십여 권의 책은 모두 소위 월북작가의 책이었다. 1988년 7월에 이 책들이 모두 해금되어 지금은 마음 놓고 구해 볼 수 있지만, 그때만 해도 이러한 책은 사고팔기는 고사하고 작가의 이름조차도 거론할 수 없던 시절이었다.

사람뿐만 아니라 고서의 세계에도 운명이 있다. 지금까지 남아 있는 고서들은 그래도 복받은 것이다. 지금 남아 있는 것보다 훨씬 많은 수의 고서들이 전란으로 소실되기도 하고, 도배지로 쓰이기도 하고, 심지어는 불쏘시개가 되거나 화장실에서 사라졌다.

그런 와중에서도 장서인(藏書印)이 찍혀 있는 고서를 이따금 만날 수 있다. 장서인이란 책의 임자를 표시하기 위해 찍은 도장이다. 뿐만 아니라 잘 만들어진 장서인은

11. 오연(吳淵, 1657–1738)의 장서인이 찍혀 있는 이백(李白)의 『분류보주이태백시(分類補註李太白詩)』(목판본, 1600년대). 모두 일곱 개의 낙관을 찍어 한껏 멋을 냈다. 본관을 나타낸 '금성세가(錦城世家)'와 계유년에 사마시(司馬試)에 등과했다는 '계유사마(癸酉司馬)' 낙관이 있다.

그 자체만으로도 훌륭한 예술품이 되기도 한다. 더욱이 유명인의 장서인일 경우 그 책의 품격도 그만큼 올라간다. 선인의 손때와 숨결이 묻어 있으니 이 얼마나 귀한 책이겠는가. 이런 책을 '수택본(手澤本)'이라고 하는데, 이런 경우 거의가 좋은 책임에 틀림없다. 때문에 고서 수집가들이 이러한 책들을 선호하는 것은 당연한 일이다.(도판 11)

장서인이 찍혀 있는 책은 만약 분실하더라도 이 장서인으로 주인을 찾을 수 있다. 그러나 한편으론, 고서란 돌고 도는 것이라 언젠가는 남의 손에 들어갈 텐데 과연 장서인을 찍는 것이 바람직할까 하는 생각이 들기도 한다. 고서 수집가로도 유명했던 육당(六堂) 최남선(崔南善)은, "책에 도장을 찍지 말라. 죽고 나면 당신의 책이 아니다"라고 하여 책에 장서인 찍는 것을 경계하기도 했다. 나 또한 지금까지 책에다 장서인을 찍은 적이 없다. 왠지 불경스러운 생각이 들어서다. 그러나 명인들의 장서인을 보면 절로 머리가 숙여진다. 낙관의 각(刻)은 물론이거니와 그것들이 놓인 자리 하나까지도 허튼 구석이 없기 때문이다. 여기 어디에 감히 나의 낙관이 비집고 들어갈 것

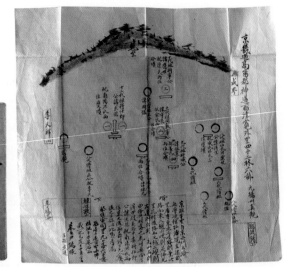

12-13. 『선영산도』 (필사본, 조선시대). 축절첩장본으로 접으면 수진본(왼쪽)이 된다.

인가. 앞으로는 어떻게 될지 모르겠으나 지금까지의 생
각은 그렇다.

　고서를 수집하다 보면 다른 문중의 자료를 심심찮게 접
하게 된다. 『선영산도(先塋山圖)』란 제목의 필사본은 이
름 그대로 조상이 묻혀 있는 산의 지도다. 지도에는 "경
기도 고양군 신도면 진관외리"라는 선산의 소재지와,
"이천상의 산(李天祥山)"이라는 주변 산의 주인, 경계가
될 만한 지형지물, 수십 기(基)의 묘가 표시되어 있다.
"부당정사(芙塘精舍)에서 후손 현각(顯珏)이 기사년(己巳
年, 1869)에 수정(修正)하였다"는 기록으로 미루어 그 이
전에 만들어진 것으로 추측되며, 지도를 그린 재주가 매
우 빼어나 도화서(圖畵署) 화원(畵員)의 솜씨로 보인다.

이 지도는 손바닥만 한 수진본(袖珍本)이지만, 펼치면 가로 26.5센티미터, 세로 24.5센티미터 크기가 된다. 수진본이란 유생(儒生)이 늘 익혀야 하는 경서나 시문을 작은 책에 옮겨 적어 소매에 넣고 다니면서 수시로 읽은 데서 유래한 것으로, 옷소매 속에 넣고 다닐 수 있을 만한 작은 책을 말한다. 『선영산도』는 수진본 중에서도 그 장정이 특이하여 접으면 마치 지갑처럼 아름다운 모양이 된다. 앞서 고서의 분류에서 설명한 축절첩장본의 한 종류로 그 장정이 매우 특이하다. 표지에는 "공경하는 마음으로 대하고 자손만대에 잘 간수하라(敬覽 守而勿失)"고 당부하고 있다.(도판 12-13)

이처럼 개인이나 집안에서 소중하게 간직하던 고서들이 어느 순간 생면부지의 새 주인에게 넘어가게 된다. 여기에는 도난당한 고서도 있고, 집안의 내력과 가계(家系)를 기록한 족보나 『선영산도』 같은 문중의 유물도 있을 것이다. 이러한 책들은 한결같이 자자손손 전해지길 바라는 마음에서 만들어진 것이다. 그러나 아무리 귀중한 책이라도 이 사람 저 사람 손을 거치면서 유전하는 운명으로 살 수밖에 없다. 어찌 보면 지극히 당연한 고서 유통의 한 과정인 것이다.

## 고서는 돌고 돈다

고서를 다루는 과정에서 특히 주의해야 할 점이 있다. 자료 중에는 책뿐만 아니라 문서나 메모 등도 함께 있는 경우가 많다. 이때, 원래 보관되어 있던 상태를 결코 흐트

러뜨려서는 안 된다. 특히 문서나 간찰(簡札)의 경우, 봉투 속에 들어 있는 내용물을 봉투와 분리해 놓아서는 절대로 안 될 일이다. 또 차례를 뒤섞어서도 안 된다. 차례가 뒤섞여 버리면 나중에 그 순서를 파악하기가 매우 어려워진다.

간찰의 경우, 글쓴이가 '父' 또는 '子' '弟'로 표시된 것이 많은데, 이런 간찰이 달랑 혼자 떨어져 있다면 글쓴이가 누군지를 밝히기는 거의 불가능하다. 간찰이나 문서는 한 집안에서 보관되어 내려온 것이기 때문에, 만약 다른 간찰이나 족보가 함께 있다면 그 아비[父]가 누구고 아우[弟]가 누군지를 간단하게 밝힐 수 있다. 또 책갈피에 메모지나 문서 같은 것이 끼어 있기도 한데, 이것 역시 그 자리에 그대로 놔두는 것이 자료를 고증하는 데 도움이 된다.(도판 14)

14. 시전지에 씌어진 대원군의 간찰.
'운생(雲生)'이라고 명기되어 있다.

1985년 조성호란 노인이 고문서 한 다발을 가지고 왔다. 지금은 고인이 되었지만 그는 고서화를 전문으로 취급하는 고서 중개인이었다. 성품이 바른 데다 고서화를 보는 감식안이 매우 높아 나는 노인과 가까이 지냈다. 그날 노인이 내놓은 자료는 첫눈에도 예사롭지 않아 보였다. 다산(茶山) 정약용(丁若鏞)의 간찰과 시문들이었다. 글씨며 종이 됨됨이까지도 아주 빼어났다. 특히 『다산문답(茶山問答)』이라

15. 정학연이 이재의에게 보낸 간찰(1817). '척하생'이라고 명기되어 있다.

는 이름으로 기억되는 서첩은 지금까지도 기억이 또렷하
다. 손바닥보다 조금 큰 크기의 고운 비단에 당먹으로 쓴
글씨는 지금까지 접해 본 글씨 중에서 최고 명품의 하나
로 꼽는 작품이다.

이 서첩은 다산 선생의 강진 유배 시절, 그곳까지 찾아
온 문산(文山) 이재의(李載毅, 1772-1839)에게 써 준 서
첩으로 문산과의 문답시를 내용으로 하고 있다. 당시 문
산은 영광군수로 있는 아들 종영(鍾英)에게 와 있던 중이
었다. 문산은 다산보다 열 살 아래였지만 이들은 학문적
으로 치열한 논쟁을 벌이면서도 돈독한 우의를 다진 것
같다. 지금은 다산과 문산에 대한 학계의 관심이 많아졌
지만 내가 이 자료들을 접할 때만 해도 문산과 그의 아들
종영에 대해서는 잘 알려져 있지 않았다.

조 노인이 가져온 고서 중에는 『다산문답』 이외에도 다
산의 장남 학연(學淵)의 간찰 여러 점이 함께 있었다.(도
판 15) 학연의 간찰 중에는 이름 대신 '척하생(戚下生)'

이라고 표기한 것도 있었다. '척하(戚下)'란 성(姓)이 다른 겨레붙이를 상대하여 자기를 낮추어 이르는 말이다. 이처럼 이름이 명기되어 있지 않은 간찰을 학연의 것으로 단정지을 수 있었던 것은 다른 자료가 함께 있었기 때문에 가능했다.

인쇄된 책은 낱권으로 흩어져 있어도 내용이나 출처를 파악하는 데 아무런 문제가 없겠지만, 필사본이나 문서, 간찰은 지금껏 보관되어 내려온 과정에서 매우 중요한 정보를 담고 있는 경우가 많다. 따라서 이는 마치 수사관이 초동수사에서 사건현장을 그대로 보존하는 것과 같은 이치로, 매우 주의해야 할 사항이다.

이러한 원칙은 수집가뿐만 아니라 고서점 주인에게도 역시 적용된다. 설령 자료가 매매되어 다른 사람의 손으로 넘어가는 과정에서도 이 원칙은 철저히 지켜져야 한다. 그러나 대부분의 고서점 주인들은 이 원칙의 중요성을 아는지 모르는지 자료를 따로따로 팔기 일쑤다. 심지어 고활자본의 경우에는 분책(分冊)하여 팔기도 한다. 한적은 보통 여러 권이 모여 한 책을 이루고 있다. 이것을 서지학적으로 표현하면 '3권 1책' '4권 1책' 등으로 말할 수 있다. 즉 세 권이 한 책 또는 네 권이 한 책으로 되어 있다는 뜻이다. 장삿속으로는, 이것을 '1권 1책'으로, 즉 세 권이나 네 권으로 분책하여 팔면 그만큼 팔기도 쉬울뿐더러 이익이 더 남는다고 생각하는 것이다.

고서 수집가들이 고서를 정리하고 관리하는 유형은 크게 두 부류로 나뉜다. 하나는 수집한 자료를 그때그때 나름대로의 방법으로 꼼꼼히 정리하는 사람, 또 다른 하나는 수집에만 열을 올렸지 정리와 보관은 뒷전으로 미루어 놓는 사람이다. 이 두 부류 중에서 어느 쪽이 더 옳다고 말하려는 게 아니다. 어떤 경우든 자료가 손상되지 않도록 보관하고 관리하는 것이 중요하다. 어떤 수집가는 제 딴에는 정리를 잘한다고 스카치테이프나, 본드 같은 화학풀 등으로 찢어진 부분을 수리하기도 하는데, 이는 절대 금해야 할 일이다. 더 이상 손상되지 않게 잘 보관하다가 전문가에게 수리를 맡기는 것이 바람직하다.

고서를 입수하여 보관하는 일련의 과정은 대체로 다음과 같다.

① 부드러운 솔이나 거즈 등으로 먼지를 제거한다.
② 구겨진 부분을 바로 편다.
③ 찢어진 곳은 밀가루풀을 사용하여 한지(韓紙)로 보수한다. 단, 손상 부위가 심각한 귀중본의 수리는 전문가에게 의뢰한다.
④ 실온에서 통풍이 잘 되는 곳에 보관한다.
⑤ 일 년에 한두 번 책을 볕에 쬐고 바람에 쐬는 폭서(曝書)를 하며, 곰팡이나 해충의 피해가 심할 경우에는 전문업체에 의뢰해 훈증소독을 한다.

그러나 일반적으로 가정에서의 보관이라면 서가에 책을 꽂아 두는 정도로도 별 문제가 없다. 사람이 생활하기에 적당한 정도의 조건이라면 책에도 특별한 문제가 생기지는 않는다. 다만 지하실처럼 습기가 많은 곳이나 너무 건조한 곳은 피해야 한다.

평생 동안 수집하고 연구해 온 장서나 집안 대대로 전해 내려오는 장서를 처분하게 됐을 때는 어떤 수집가나 소장자라도 고민하게 마련이다. 평소 이럴 때를 대비해 대책을 마련해 놓거나 미리 생각해 놓는 수집가나 소장자는 거의 없다. 이는 매우 바람직하지 않은 일인데, 만약 소장자가 갑자기 세상을 뜨게 되면 그 장서의 운명은 매우 불행해진다. 갑작스런 죽음에 유족들이 소장자의 생전 의지를 이어 나가기도 어렵거니와, 남은 가족에게는 커다란 짐을 안겨 주게 된다. 가장 좋은 방법은 소장자가 생전에 장서를 미리 적당한 곳으로 양도 또는 이전하는 것인데, 그러기 위해서는 평소 철저한 계획과 준비가 필요하다.

박물관이나 공공기관에 기증해서 기념관을 세우거나 문고를 설립하는 것도 바람직한 방법 중 하나다. 이 과정에서 보통 기증과 매도(賣渡)가 이루어진다. 기증이란 책을 무상으로 주는 것이고, 매도는 팔아넘김을 의미한다. 도서관이나 기관에서는, 실제로는 개인의 장서를 매입하면서 겉으로는 기증받는 형식을 취하기도 한다. 이는 소장자에게서 책을 매입했다는 것보다 기증받았다고 알려지는 편이, 소장자나 공공기관 모두의 체면과 위상에 도움이 되기 때문이다. 평생 어렵게 수집한 보물들을 그냥 넘겨받는 것은 소장자에 대한 예의가 아니라고 생각해서 내부적으로 응분의 사례를 하기도 한다. 다시 말해, 겉으로는 고서를 기증하는 형식을 취하면서 실제로는 고서를 파는 것이다. 물론 이때의 사례는 적당한 금액으로 내약 (內約)하여 정한다.

그러나 여기에는 몇 가지 문제가 있다. 우선 장서의 질이 박물관이나 공공기관에서 욕심낼 정도의 수준이어야 하고, 다음으로 소장자에 대한 사례가 합당해야 한다는 조건이 붙는다. 기증 후에는 그 자료들의 적절한 관리와, 활용에 대한 안전성이 보장되어야 한다. 내가 소장하고 있는 책 중에는 국내는 물론 세계 유명 도서관의 장서인이 찍혀 있는 것들도 있다. 이것들이 어떠한 경로로 내 손에 들어오게 되었는지 상세하게는 알 수 없다. 어떻게 보면 공공기관보다는 안목있는 고서점으로 양도되어, 그 책을 필요로 하는 연구자나 수집가의 손에 들어가는 것이 더 바람직한 일일 수 있다.

앞에서도 말했지만, 장서는 어떤 경우라도 언젠가는 이곳저곳으로 흩어지게 마련이다. 고서의 운명은 이런 것이다. 평생 수집한 고서를 어디론가 보내야 하는 아픈 심정은 경험해 보지 않은 사람은 모른다. 그러나 그것은 모든 수집가가 언젠가 겪어야 할 운명이다. 이렇게 흩어진 책들은 고서점으로 다시 나오게 되는데, 일반적으로 소장자 자신이 평소에 가장 신뢰하던 고서점을 통하게 마련이다. 이런 식으로 고서는 돌고 돈다.

# 수집도 알아야 한다

## 취미와 수집

사람은 누구나 자신만의 취미와 기호를 갖고 있다. 바둑이나 장기를 즐기는 사람, 낚시 · 골프 · 여행을 즐기는 사람 등 그 유형도 다양하다. 이처럼 취미란 마음이 끌려 특정한 방향으로 쏠리는 흥미를 말한다. 다시 말해 취미란 본업으로 그리고 전문적으로 하는 일이 아니라 즐기기 위해 하는 것이지만, 때때로 그 대상의 아름다움과 멋을 이해하고 감상하는 능력이 요구되기도 한다.

우표 수집이나 화폐 수집처럼 무언가를 수집하는 취미도 있는데 고서 수집도 그 중 하나다. 고서를 수집하면서 교양과 지식을 높이고 삶의 풍요로움과 멋을 느끼는 것이다. 또 남이 갖고 있지 않은 귀한 책을 자신만이 소장하고 있다는 데서 강한 자기만족을 느끼기도 한다. 물론 이 정도 단계에 이른 수집가라면 단순히 취미라고만 말할 수 없다. 이는 고서 수집이 이미 취미를 넘어서 어느 정도 전문가의 안목을 가졌다고 할 수 있을 것이다.

누구나 어떤 분야의 책을 오랫동안 꾸준히 수집하다 보면 특별히 가르침을 받지 않아도 그 방면의 지식이 쌓여서 전문가가 되게 마련이다. 이런 경우 책을 수집하지 않는 그 방면의 전공자나 학자보다 더 많은 지식을 가질 수도 있다. 수집한 고서에서 얻은 지식을 활용해 국가와 사회에 봉사할 수도 있다. 여기에는 자신이 수집한 고서를 바탕으로 연구하고 저술을 내는 일도 포함된다. 더 나아가 박물관이나 연구소를 설립하는 것도 사회적인 봉사에 속한다.

한편, 수집한 고서를 매도해 경제적인 이익을 얻을 수도 있다. 이것은 처음부터 그러한 목적으로 고서를 수집했다기보다는 취미와 연구 목적으로 시작한 것이 나중에 커다란 이익을 가져다 주는 경우다. 또한 고서점 주인처럼 고서의 수집과 판매를 직업으로 하면서 즐거움과 보람을 느낄 수도 있다. 이처럼 고서 수집에는 여러 가지 즐거움이 따른다.

군인이 전쟁터에 나가기 전에 총을 다루고 쏘는 법을 익혀야 함은 기본이다. 이에 앞서 자신이 왜 전장에 나가는지에 대한 확고한 의식이 있을 때 사기는 충천할 것이다. 고서 수집도 이와 마찬가지로, 본격적인 수집에 들어가기 전에 미리 갖춰야 할 것들이 있다.

고서를 수집하는 데는 반드시 목적이 있게 마련이고, 또 있어야 한다. 오랜 시간과 적지 않은 돈, 그리고 열정이 따라야 하기에 더욱 그러하다. 그러나 내가 만나 본 대다수의 수집가들은 수집 목적이 분명치 않아 보였다. 목적이 뚜렷하지 않은 컬렉션은 십중팔구 질이 떨어질 뿐만 아니라 결국에는 애써 모은 책들이 뿔뿔이 흩어지게 된다.

고서를 수집하는 목적은 사람에 따라 각각 다를 수밖에 없다. 예를 들면 그저 책이 좋아서 수집하는 사람도 있을 수 있고, 여가를 즐기기 위해, 읽기 위해, 저술을 위해,

박물관이나 자료실 설립을 위해, 또는 투자 등을 목적으로 하는 사람도 있을 수 있다. 어느 것이라도 좋다. 그러나 목적을 이루는 것은 말처럼 쉬운 일이 아니다. 따라서 자신에게 가장 적합한 목적이 무엇인지를 정하고 수집을 시작하는 것이 좋다. 그렇지 않을 경우 고서를 수집하다가 중도에서 그만두게 되는 일이 보통이다. 여기에는 대개 그럴 만한 사정이 있다.

고서 수집가가 어느 정도 고서에 눈을 뜨면 자신의 컬렉션을 되돌아보게 마련이다. 이때 대부분의 수집가는 자신의 컬렉션을 보고 깊은 회의에 빠진다. 그 동안 내가 정성 들여 수집했다는 게 고작 이것밖에 안 되나 하는 실망감에 사로잡히는 것이다.

고서 수집 경력이 십오 년이 넘은 Y씨는 이십대 시절부터 수집을 해 왔다. 젊은 시절에는 왕성한 활동력으로 서울 변두리 헌책방을 이틀이 멀다 하고 부지런히 다녔다. 수집 대상은 잡지 창간호였다. 대부분의 수집가가 그렇지만, 고서를 수집하다 보면 자신의 관심 분야 외의 책도 사들이게 마련이다. 책이 좋아서 구하기도 하고, 모처럼 들른 서점에서 그냥 나오기가 뭐해서 한두 권 사기도 한다. 그 역시 이렇게 모은 책이 칠팔천 권이 넘었다. 말이 칠팔천 권이지 집 안이 온통 책으로 가득 차 있어 움직일 틈도 없었다. 대부분의 수집가가 이와 비슷한 처지일 것이다.

호산방이 장안평에 있던 시절, K씨에게서 잡지 수천여 권을 구입한 적이 있었다. 해방 이전의 창간호와 귀중본

잡지가 상당수 포함된, 매우 수준 높은 컬렉션이었다. 이 책들을 본 Y씨가 의기소침해진 것은 당연했다. 자신의 장서하고는 비교가 안 되는 수준이었으니 얼마나 맥이 빠졌겠는가. 그 영향인지는 모르겠으나 그는 얼마 후 고서 수집을 그만두었다.

안타까운 일이지만, 어찌 보면 그로서는 그만한 시점에서 결심을 잘한 것이라 생각한다. 수집 목적이 뚜렷하지 않았기 때문이다. 처음에는 취미로 시작했지만 수집하다 보니 수천 권이 된 책을 어찌할 것인가. 관리도 그렇고 활용 방안도 마땅히 준비되지 않은 상태였다. 그러나 무엇보다 그를 절망하게 만든 것은 장서의 질이었다. 수천 권의 장서 가운데 육이오 이전의 희귀 잡지는 불과 몇 권 안 되었으니, 고서 수집가의 장서로 내세우기에는 빈약한 수준이었다. 나는 이와 비슷한 경우를 여러 번 보았다. 취미로 시작했다 해도 수천 권을 수집했다면 이것은 이미 취미가 아니다. 취미란 여가를 이용하여 정신적 육체적 즐거움을 얻기 위한 것인데, 도리어 이

16-17. 이상범의 신문삽화 원화(1950년대).

18. 김태형의 교과서 표지 그림(1962).

로 인해 스트레스를 받는다면 뭔가 크게 잘못된 것이다. 취미로 하기에는 애당초 잡지 창간호라는 주제부터 목적에 적합하지 않았다. Y씨는 그것을 뒤늦게 깨달은 것이다.

나는 수집 목적이 분명치 않다면 고서 수집을 그만두라고 단호하게 권하고 싶다. 다시 말하지만 목적이 분명치 않은 수집은 질 좋은 컬렉션을 기대할 수 없고, 컬렉션의 질이 좋지 않으면 활용 효과 역시 기대할 수 없다. 또 이로 인한 정신적 물질적 피해가 막심하여 결국에는 반드시 후회하게 된다.

수집의 목적이 정해졌으면 그에 맞는 수집 방향으로 철저하게 나아가야 한다. 아무리 큰 기관이라도 여러 분야의 책을 동시에 수집하는 것은 무리다. 특히 개인의 경우 수집과 보관에 따르는 한계가 분명히 존재하기 때문에 규모가 작을수록 좋고, 주제는 독특할수록 좋다. 이는 경제적인 문제와도 직결되기 때문에 매우 중요하다. 따라서 어떤 분야의 책을 수집할 것인지 구체적인 계획을 수립해야 한다. 이때 중요한 것은 자신의 입장과 상황에 알맞은 주제의 선정이다. 한 연구자가 연구논문의 주제를 무엇으로 정하느냐가 그 논문의 성과를 결정짓는 것과 같은 이치다.

수집 대상의 주제를 정해 놓았어도 수집하다 보면 범위

19-20. 김태형의 교과서 삽화와 원화 (1960년대).

가 자꾸만 넓어지는 것을 경험할 것이다. 이것은 자연스
런 현상이지만, 이를 조절할 수 있는 지혜가 필요하다.
애당초 이런 계획 없이 수집을 시작했다면, 어느 시점을
넘긴 다음부터는 수집가 자신도 주체할 수 없는 지경에

이르고 만다.

자신과 연관있는 주제라면 더욱 좋다. 직업 · 고향 · 종교 · 취미 · 전공 등과 관련짓는 것도 한 방법이다. 가령 박물관 설립 같은 큰 목표를 세우고 고서 수집의 뜻을 두었다면 주제를 정하는 단계부터 전문가와 상의하는 것이 바람직하다. 만약 어떤 주제의 박물관을 설립할 목적으로 고서를 수집하기로 결정했는데, 이미 누군가가 수십 년 전부터 이와 유사한 주제의 박물관 설립을 준비하고 있었다면 어떡하겠는가. 이런 일도 있을 수 있기에 전문가라면 이러한 정보까지 꿰뚫고 있어야 한다.

앞에 예로 든 것처럼 주제를 출판미술 또는 출판디자인 등으로 정했다면, 다음은 수집 대상의 범위를 좀더 구체적으로 한정지어야 한다.

우선 수집 대상을 1950년대 이전 자료로 한정하고, 그것을 다시 조선시대 자료와 개화기 이후의 근대 자료로 구분한다. 조선시대 자료는 도서와 비도서로 나누고, 도서는 또다시 판화가 실린 도서, 목판 지도, 활자본 등으로 구분할 수 있다. 비도서는 판화가 실린 목판과 시전지판(詩箋紙板), 능화판(菱花板) 등 판화 관련 실물자료와 인쇄 관련 유물 따위로 구분한다.

근대 자료도 도서와 비도서로 구분하여, 도서는 장정가가 표기된 도서와 편집디자인이 우수한 도서, 교과서 삽화 등으로 나누고, 비도서는 포스터 · 광고지 · 증명서 등 일상 속의 출판디자인 자료로 다시 구분한다. 특히 장정에 사용한 표지그림이나 삽화의 원화 등은 매우 중요한 자료가 된다. 그러나 이 방면의 자료는 남아 있는 것이 거의 없는 실정이다.

모든 장정가가 그렇겠지만 김환기(金煥基)는 표지화를 그릴 때 작품 못지않게 공을 들인 것으로 알려져 있다. 그러나 그의 표지화 역시 매우 적은 수가 남아 있을 뿐이다. 1959년 통문관에서 출판된 신석초(申石艸)의 『바라춤』 표지화를, 통문관 주인 산기(山氣) 이겸로(李謙魯) 선생이 소장하고 있다는 얘기를 선생 생전에 직접 들은 적이 있는 정도다. 한때 김기창(金基昶)·이상범(李象範, 도판 16-17)의 삽화 원화가 고서점에 더러 나돌기도 했지만 지금은 만나기가 쉽지 않고, 오륙십 년대 교과서 삽화를 그린 김태형(金台炯, 도판 18-20)의 작품도 마찬가지다.

이처럼 구체적인 범위를 설정하고 지속적으로 자료를 수집하면서 양과 질을 조절해 나간다면, 훌륭한 컬렉션의 길로 올바르게 접어들 것이다.

## 감식안과 경제력

고서 수집의 목적과 주제, 수집 범위가 정해졌다면 이제부터 본격적인 수집에 들어가도 좋다. 고서의 문헌적 자료적 미적 가치를 파악하는 안목은 고서 수집에서 가장 기본적이고 중요한 요소임에 틀림없다. 고서에 관한 아무런 지식도 없으면서 곧바로 수집부터 할 수는 없는 노릇 아닌가. 이러한 안목을 키우기 위해서는 많은 책을 직접 접해 보고 부지런히 연구해야 한다. 가장 좋은 방법은 고서를 직접 사고파는 것일 수 있다. 수집가는 구입하기만 하지만, 자료를 구입해서 이를 다시 필요로 하는 수집가에게 팔아넘기는 일을 하는 고서점 주인이야말로 가장 현실적인 안목을 기를 수 있는 사람일 것이다.

그렇다면 오랜 세월 고서점을 운영한 고서점 주인의 안목이 가장 좋아야겠지만, 실은 그렇지만도 않다. 이것은 순전히 개인의 역량과 노력에 따르는 문제다. 안목을 넓힌다는 점에서는 수집가가 고서점 주인보다 훨씬 더 좋은 조건을 갖추고 있을지도 모른다. 고서점 주인은 자신이 취급하는 자료만 접하게 되지만, 수집가는 여러 서점과 수집처를 드나들며 많은 자료와 정보를 접할 수 있기 때문이다.

아무튼 고서를 수집하기에 앞서, 어떠한 식으로든 고서를 평가할 수 있는 나름대로의 안목을 갖추어야 한다. 이를 위해 수집가는 오랜 세월 발품을 팔기도 하고, 때로는 별 가치 없는 고서를 고가로 구입하는 시행착오를 겪기도 한다.

한 이십 년 전쯤의 일이다. K씨는 개화기 이후 근대 자료에 탁월한 안목을 갖고 있었다. 그는 신문·잡지와 문학 관련 자료에 조예가 깊어 이 방면에 대한 저서를 여러 권 내기도 했다. 그런 그가 하루는 퇴계(退溪)의 간찰 복사본을 가지고 와서 한번 봐 달라고 했다. 이름난 한학자(漢學者)인 L교수가 소장하고 있는 자료인데 자신의 다른 자료와 교환할 생각이라고 했다. 그러나 복사본은 한눈에도 가짜 글씨가 분명했다. 나의 설명에 K씨는 몹시 상심한 눈치였다. 그래서 내가, 아직 물건을 교환한 것도 아닌데 그냥 없었던 일로 하면 되지 않으냐고 했더니, 이미 구두로 결정한 일이라고 했다. 그는 L교수의 소장품이라면 그 명성으로 미루어 진품이 틀림없을 것이라고 믿었던 것이다.

며칠 후에 K씨는 문제의 간찰을 들고 나를 다시 찾아왔다. 역시 가짜 글씨였다. 이처럼 고서를 수집하다 보면 필사본이나 간찰·문서 등을 감식하거나 판별해야 하는 경우가 생긴다. 이런 유의 자료들도 고서의 한 분야로, 그것을 감식하는 안목을 익혀야 함은 물론이다.

일이십 년 이상의 수집 경력을 갖고 있는 사람도 생전 처음 접하는 고서가 수두룩하고, 또 그때마다 고서 앞에서 당황해 하는 경우가 허다하다. 그러나 그리 걱정할 문제만은 아니다. 단순히 취미로 고서를 수집하는 것이라면, 마음에 드는 고서를 수집하는 일은 별로 어렵지 않다. 단, 취미로 고서를 수집하려 한다면 귀중본이나 유일본에 대한 지나친 욕심은 금물이다. 귀중본 같은 고가의 자료를 욕심낸다면 이는 이미 취미생활이라 할 수 없기 때문이다. 취미로 고서를 수집하다 보면 귀중본 몇 권, 명인의 필적 몇 점쯤은 아주 헐값에 만나는 행운이 찾아올 수도 있다. 만약 귀중본에 대한 욕심이 있다면 차라리 그런 행운을 기다리는 것이 진정 취미라고 부를 수 있는 수집 태도다.

투자 목적으로 고서를 수집하는 사람도 있다. 투자가 목적이라면 더더욱 고서에 대한 안목을 갖추고 있어야 한다. 고서를 감식하는 눈이 없으면서 고서에 투자한다는 것은 논리적으로 맞지 않다. 고서가 투자 대상으로 적합하지 않다는 말이 아니라, 투자 목적으로 고서를 수집하는 것이 증권이나 부동산에 투자하는 것보다 훨씬 어렵다는 사실을 일깨워 주려는 것이다. 왜냐하면, 아무리 귀중한 고서를 얻었다고 해도 그것을 판매하는 데는 또 다른 지식과 기술이 필요하기 때문이다. 수십 년 경력의 고서점 주인에게도 쉽지 않은 일인데, 수집가가 그것을 터득한다는 것은 현실적으로 불가능한 일이다.

연구 목적으로 고서를 수집하는 경우에는 별 문제가 없다. 설령 처음에는 고서에 관한 지식이 부족하다 하더라도 그것을 연구하는 과정에서 자연스레 그 분야에 대해서만큼은 전문가가 되게 마련이다. 또 자신의 연구 분야에 한해서만 수집이 이루어지기 때문에 경제적인 부분에서도 큰 문제가 없을 터이다.

박물관이나 자료실을 설립할 목적으로 수집하는 것이라면 이는 더욱 신중을 기해야 한다. 다른 목적에 비해 더 오랜 시간과 투자가 요구됨은 물론 일정 수준 이상의 질적 가치를 유지해야 하기 때문이다. 또한 박물관 설립의 목적에 걸맞은 유물을 갖추어야 하며, 개관 이후 지속적인 전시와 연구 주제를 생각하고 자료 수집을 하는 것이 매우 중요하다.

고서를 수집하는 데는 제법 많은 돈이 들어간다. 물론 그 비용은 수집 목적과 주제에 따라 얼마든지 달라질 수 있다. 분명한 것은 아무리 취미로 고서를 수집한다 하더라도 만만치 않은 돈이 들어간다는 사실이다. 그러나 고서에 대한 안목과 열정이 있다면 어느 정도 부담을 줄일 수 있다. 술 담배를 끊는다든가, 골프와 여행을 줄인다든가, 그 밖의 다른 여가생활을 고서 수집과 바꿀 의지가 있는 사람이라면 한번 해 볼 만하다. 그렇지 않고 남들 하는 것 다 따라 하면서 취미로 고서를 수집하는 것은, 경제적인 면에서 결코 만만한 일이 아니다.

또 일정 수준 이상의 고서를 수집하는 데는 최소한의 시간이 필요하다. 한 분야에서 웬만한 수준의 컬렉션을 갖추는 데 소요되는 시간은 상황에 따라 차이가 있겠지만, 적어도 오 년에서 십 년 정도는 걸린다. 물론 한 분야의 자료를 수집하는 데 평생을 바치는 사람들도 얼마든지 있다. 일정 수준의 컬렉션을 갖추는 데 걸리는 시간 역시 수집 대상의 주제와 수집가의 안목, 경제력 등에 따라 많은 차이를 보인다.

국·공립 기관에서는 먼저 예산을 세우고 그 범위 안에서 자료를 수집한다. 자료를 수집하는 기간은 고작 일 년 남짓인데, 이렇게 운영되는 박물관은 애당초 많은 문제점을 안을 수밖에 없다. 하지만 처음에는 그렇게 시작했어도 지속적으로 자료 구입에 관심을 갖고 수집한다면 좋은 결과를 얻을 수 있다. 결국은 누가 계획을 수립하고 추진하느냐에 달린 것이다.

공공기관 중에서는 기증을 받아 박물관 설립을 구상하는 곳도 있다. 그러나 이러한 생각은 지극히 관료적인 발상에서 비롯된 것으로, 자료 수집에 한계가 있기 때문에 만족할 만한 결과를 기대할 순 없다.

## 수집가와 고서점 주인

고서를 수집하려면 우선 고서를 판매하는 곳의 정보를 알아야 한다. 고서를 판매하는 곳으로는 고서점과 골동품점, 중간상인을 들 수 있으며, 최근에는 인터넷 서점과 인터넷 경매 사이트도 등장했다. 이 외에도 개인 소장가나 수집가가 고서를 판매하고자 하는 경우도 있다.

고서 수집가들은 나름대로의 수집 요령을 갖고 있다. 어떤 수집가는 전국의 고서점과 골동품점을 순회하기도 하는데, 이런 수집가 중에는 주인에게 일일이 명함을 돌리며 이러이러한 고서가 나오면 알려 달라고 말하는 사람이 많다. 소위 저인망(底引網) 전술이다. 물론 다리품을 팔다 보면 의외로 맘에 드는 것을 얻을 수도 있겠지만, 이는 구시대적인 발상이다. 나는 이러한 수집가를 여럿 보았는데, 이 방법은 별로 바람직하지 않다. 여러 고서점을 상대로 하니 수집의 폭이 넓어 보이지만 실은 그렇지만도 않다.

한 수집가가 어떤 분야의 고서를 수집한다고 여러 고서점에 알렸다면, 고서점 주인들은 수집가가 부탁한 고서를 구하기 위해 주위의 동업자에게 알릴 것이 뻔하다. 결국 그 고서를 찾는 수집가는 한 사람인데, 그것을 팔려는 사람은 여럿이 되는 꼴이다. 자연히 서점 주인끼리 경쟁이 붙고, 가격은 순식간에 뛰어오른다. 그렇다고 그 물건이 반드시 그 수집가의 손에 들어온다는 보장도 없다.

이와는 반대로, 자신의 관심 분야를 고서점 주인에게 일체 내색하지 않고 찾아다니는 사람도 있다. 이 경우에는 자신이 관심 갖는 분야의 고서를 만나기가 쉽지 않다. 고서점 주인 입장에서는 언제 팔릴지도 모르는 책을 모두 갖춰 놓을 수는 없는 노릇이기 때문이다. 결국 이러한 문제들을 슬기롭게 조율해 주는 파트너가 필요하게 되는데, 이럴 때는 맘에 드는 고서점 주인이 그 상대가 되게 마련이다.

같은 조건에서 수집하더라도 어떤 파트너를 만나느냐에 따라, 수집 기간은 물론 고서의 질이 천차만별일 수밖에 없다. 국·공립 박물관이나 공공기관의 자료 수집에는 소위 전문가로 구성된 자문위원이나 기획사가 관여하기도 한다. 그러나 자료를 평가하는 안목과 그 활용 가치의 기준은 사람에 따라 다를 수밖에 없기 때문에 가치 평가의 기준을 확립하기란 쉬운 일이 아니다. 때때로 이런 전문가들과 고서점 주인 사이에 묘한 갈등이 나타나기도 한다. 그리고 그런 갈등은 고서 수집에 커다란 걸림돌이 된다.

고서에 대한 감식안을 갖고 전체적인 계획을 주도하면서 차후 박물관 운영까지도 예상할 수 있는 기획력을 갖춘 파트너와 손잡는 것이 중요하다. 훌륭한 파트너는 뛰어난 감식안으로 수많은 고서를 한곳으로 모으는 능력을 갖고 있다. 이런 능력은 마치 깔때기의 원리와도 같다. 또한 훌륭한 파트너란 바로 맥을 잘 짚는 사람을 말한다. 따라서 마음에 드는 고서를 수집하려면 고서가 모이는 깔때기의 목 부분만 지키고 있으면 된다. 이러한 능력을 갖춘 파트너를 만난다면 이미 수집의 절반은 성공이다.

그러나 여기에는 수집가와 그 파트너인 고서점 주인 사이의 끈끈한 믿음이 없이는 불가능한 일이다. 이것은 순전히 수집가가 판단할 문제다.

앞에서 언급한 여러 가지 요소를 두루 갖추었다 하더라도 좋은 고서를 만나려면 운도 따라야 한다. 세상에 하나밖에 없거나 몇 안 되는 희귀한 자료를 만나는 데 운이 따르지 않고서야 되겠는가. 그러나 아무리 운이 좋다 하더라도, 평생 동안 좋은 책은 그리 쉽게 만나지지 않는다. 좋은 뜻을 가지고 성실한 마음으로 수집하다 보면 좋은 책을 만나게 되려니 하고 기대해 보는 것도 좋다.

## 수집 십계명

첫번째, 책을 뒤적거리지 않는다. 대형 서점에서는 독자가 책을 한참 살펴본 후 구입하는 것이 보통이다. 서문과 목차를 확인하고 내용도 꼼꼼히 살펴볼 수 있다. 이런 경우 대부분의 사람들이 읽던 책은 그대로 놔두고 서가에서 새 책으로 바꾸어 간다. 이렇게 뒤적거린 책들은 대개 상품가치를 잃게 된다. 그런데도 점원들은 별로 신경 쓰지 않는 눈치다. 이런 책은 출판사로 반품하면 그만이기 때문인데, 그로 인한 손실은 고스란히 출판사의 부담으로 돌아간다.

고서의 경우도 이와 크게 다르지 않다. 고서는 물건의 특성상 다루기가 매우 조심스러운 것들이 대부분이다. 더욱이 고서는 신간도서와 달라, 그냥 놓여 있는 상태에서는 책의 내용은 물론 제목조차 거의 알 수가 없다. 그러니 됨됨이를 살피려면 책을 뒤적거리지 않을 수 없는 노릇이다.

그렇더라도 유별나게 책을 뒤적거리는 수집가가 있다. 그러나 '겉볼안'이라는 말이 있듯이 노련한 수집가는 책의 겉모습만 보고도 종류며 간행 연대, 내용까지도 알아차릴 수 있다. 다시 말해, 책의 됨됨이는 한눈에 들어오는 것이지 책을 뒤적거린다고 알 수 있는 것이 아니다. 이런 수집가치고 좋은 안목을 갖고 있는 사람은 거의 보지 못했다. 습관적으로 책을 뒤적거리는 수집가를, 고서점 주인은 결코 좋아하지 않는다.

두번째, 사려는 책을 흠잡지 않는다. 수집가 중에는 마치 마음에 없는 책을 마지못해 사는 듯한 내색을 하면서, 사려는 책을 흠잡는 사람이 더러 있다. 아마 그러면 주인이 책값을 좀 싸게 부르겠지 하는 마음에서인지는 몰라도 이 얼마나 우스운 노릇인가. 맘에 안 드는 책을 굳이 왜 산단 말인가. 흠잡을 게 아니라 칭찬을 해 보라. 주인이 얼마나 기분 좋아하겠는가. 주인하고 사이가 좋으면 분명 귀한 책을 얻게 될 것이다.

세번째, 책값이 비싸단 소리를 하지 않는다. 이 책 저 책 가격만 묻고 사지 않는 것까지는 좋다. 한술 더 떠, 책값이 비싸다고 주인의 심사를 뒤집어 놓는 사람이 있다.

다음은 통문관 주인 이겸로 선생의 일화다.

쉰 살 정도의 신사가 와서 『사문유취(事文類聚)』를 찾았다. 보여주었더니 한참을 보고 나서 판(板)이 나쁘다고 가 버렸다. 몇 달 뒤에 그 신사가 다시 나타나 『사문유취』

를 찾기에 내주었더니 이번에도 얼마 동안 뒤적거려 보고 비싸다고 가 버렸다. 그러기를 너댓 번이나 반복했다. 어느 날 그 신사가 예전처럼 『사문유취』를 한참 보고 나서 또 무슨 흠을 잡으면서 나가려고 할 때, 이겸로 선생은 "선생, 미안하지만 좀 앉으시죠" 하고 의자를 내놓았다. 그 신사가 앉은 뒤에 "선생께서는 선생의 생존 시에 『사문유취』를 못 살 것이니, 임종 시에 아드님에게 내가 평생을 두고 『사문유취』를 사려고 하다가 못 사고 가니 네 대에는 꼭 『사문유취』를 사서 내 소원을 풀어 다오" 하고 유언을 하라고 했다.(『통문관 책방비화』 중에서)

네번째, 책값을 깎지 않는다. 리진호 지적박물관장은 「학촌 리진호 책 사냥 · 관리 십대 지침」이라는 글에서, "고서점에서는 삼십 퍼센트 정도 깎아서 흥정을 한다. 꼭 필요해서 산다는 눈치를 보이지 않고 참고삼아 산다는 인상을 준다"고 자신의 수집 비법(?)을 공개하고 있다. 그러나 이런 수법을 모를 고서점 주인이 어디 있겠는가. 삼십 퍼센트를 깎아서 사려 하는 수집가에게는 오히려 가격을 사십 퍼센트 정도 올려 부를 것이다.

고서는 다른 물건하고는 달라, 사고파는 과정에서 고서점 주인과 손님 사이에 보이지 않는 치열한 심리전이 펼쳐지곤 한다. 고서를 수집하다 보면 좀 비싸 보이는 책도 있게 마련이다. 또 알게 모르게 서점 주인이 바가지를 씌울 수도 있다. 그러나 그까짓 바가지 좀 쓴들 어떠한가. 책값이 비싸다는 소리는 굳이 할 필요가 없다. 냉정히 말해, 값이 비싸면 사지 않으면 그만이다. 또 책값이 비싼 것은 사려는 사람의 입장이지 고서점 주인의 입장은 또 다를 수 있다. 책 가격을 깎지 않는 것이 되레 좋은 흥정이 될 수 있다. 이 정도의 요령을 익히면 분명 좋은 책을 수집할 수 있을 것이다.

다섯번째, 진본(珍本) 한두 권은 무리를 해서라도 산다. 어떤 분야를 막론하고 좋은 책은 그리 많지 않고, 또 쉽게 만날 수도 없다. 때문에, 평소 구하려고 마음먹었던 책을 만났을 때는 어느 정도 값이 비싸더라도 과감하게 구입하는 결단력이 필요하다. 물론 그 책을 당시의 값보다 훨씬 싼 가격에 다시 만날 자신이 있다면 구입을 미뤄도 좋다. 그러나 그런 행운은 다시 찾아오지 않는 법이다.

고서를 수집하다 보면 천하의 진본이라고 생각되는 것을 평생에 한두 번은 만나게 된다. 이럴 때 그 가격이 엄청나다면 어떻게 할 것인가. 물론 경제적으로 여유가 있다면 아무런 문제가 없겠지만, 보통 사람이라면 망설이게 마련이다. 결론적으로 말해, 단호하게 마음을 접지 않고 망설일 정도의 값이라면 무조건 사라고 권하고 싶다. 그 가격이 본인에게 도저히 무리라고 생각된다면 당연히 포기해야겠지만, 망설여질 정도라면 결단을 내려도 좋을 것이다. 물론 진본을 구입한 대가로 오랫동안 후유증에 시달려야겠지만, 만약 그것을 사지 않는다면 평생 후회 속에서 살아야 할지 모르는 것이다. 그러나 보통의 경우 이런 일은 한두 번으로 그쳐야 하며, 그 결단은 결국 각자의 몫이다.

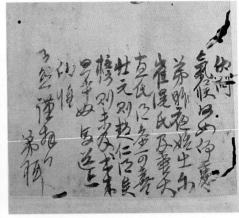

21-22. 김시습의 간찰(왼쪽)과 율곡 이이의 간찰(오른쪽).

이십여 년 전 어느 날, 키가 자그마하고 귀티가 나는 노신사가 호산방을 들렀다. 그는 한참 동안 서점 안을 유심히 살피더니 아무 말 없이 그냥 나갔다. 그리고 열흘쯤 후에 다시 찾아왔다. 그날도 예전처럼 아무 말 없이 서점을 둘러보고는 그냥 나가는 것이었다.

다시 며칠 후에 그 노신사가 또 들렀다. 이번에는 자리에 앉더니 말을 건넸다. 나는 한참 동안 그와 차분히 얘기를 나누었다. 노신사의 집에 선대로부터 물려받은 간찰첩(簡札帖)이 여러 권 있는데, 어디 적당한 곳이 있으면 처분하려 한다는 얘기였다. 물론 물건을 보기 전에는 진위 여부를 단정지을 수 없겠지만, 적어도 그의 말로 미루어 보아 매우 호감 가는 물건이었다. 그는 내일 다시 들르겠다고 약속을 하고 갔다.

다음날 약속한 시간에 맞춰 노신사가 잘 정리된 사진을

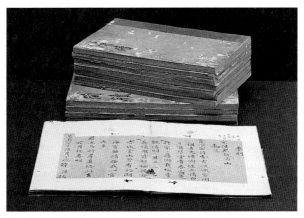

23. 조선 명인 삼백예순다섯 명의 간찰을 모아 놓은 『간독(簡牘)』 열두 권.
펼쳐진 글씨는 한호의 시문이다.

가지고 왔다. 김시습을 비롯하여 퇴계 이황, 율곡 이이,
석봉 한호 등 수백 명의 간찰이었다. 모두 단번에 알 수
있는 명인들이었다.

　그날부터 내 머릿속엔 온통 간찰 생각뿐이었다. 얼마
를 주고 살 것이며, 그 목돈을 어떻게 마련할 것인가로 머
릿속이 혼란스러웠다. 물건을 사고팔 경우, 일반적으로
팔려는 쪽에서 값을 제시한다. 그러나 고서를 사고팔 때
는 소장자가 그 적정한 가치를 모르고 터무니없이 높은
가격을 제시하는 일이 많다. 이런 경우 소장자를 설득하
기란 여간 어려운 일이 아니다. 예를 들어, 십 원에 사고
싶은데 백 원을 부른다면 흥정의 여지가 없어지고 만다.
이럴 경우에는 차라리 사는 쪽에서 먼저 가격을 제시하
는 것도 좋은 방법이 될 수 있다. 고가의 물건은 가격의
단위가 상대적으로 높기 때문에 상대의 마음을 움직일

수 있다. 특히 간찰같이 아무나 쉽게 알아볼 수 없는 물건일 경우에는 구입하고자 하는 쪽에서 먼저 값을 제시하는 것도 나쁘지만은 않다. 도리어 상대에게 자신있게 먼저 가격을 제시함으로써 흥정의 주도권을 잡고 소장자에게 신뢰감을 줄 수도 있다.

달포 후, 나는 노신사의 집을 방문했다. 집 안에는 고화(古畵) 몇 점이 걸려 있었는데, 모두 격이 있는 작품들이었다. 대물림한 유물들로 보였다. 간찰도 그럴 것이라는 생각을 하고 있을 때 드디어 노신사가 간찰첩을 내왔다.

간찰첩은 모두 열두 권으로 낡은 오동나무 궤(櫃)에 들어 있었다. 간찰첩을 사이에 두고 노신사와 마주 앉았다. 나는 마음을 가라앉히고 조심스레 간찰첩을 꺼내 보았다. 첩의 외관이 먼저 눈에 들어왔다. 크기가 두 가지였다. 조금 작은 것은 모두 여덟 권이었고, 그보다 조금 큰 것은 네 권으로 되어 있었다. 첩이 만들어진 연대는, 여덟 권짜리는 이백 년이 좀 넘어 보이고 네 권짜리는 이백 년이 채 안 되어 보였다.

잠시 침묵이 흐른 후 나는 첫번째 첩을 열었다. 김시습의 글이 제일 먼저 보였다.(도판 21) 순간 심장이 요동치고 손끝이 떨렸다. 김시습이 누구인가. 생육신의 한 사람으로 오백여 년 전의 인물이 아닌가. 사실 이 정도 인물의 진적(眞跡)을 만나기란 쉬운 일이 아니다. 계속해서, 퇴계·율곡의 간찰(도판 22)이 줄을 이었다. 모두 사백여 장으로 된, 명인(名人) 삼백예순다섯 명의 간찰첩이었다.(도판 23) 나는 이것들을 짧은 시간에 일별했지만 모두가 진품이 틀림없다는 확신을 내렸다. 나는 간찰첩을 조심스레 한쪽으로 밀어 놓았다. 이제는 내 쪽에서 무어라 답을 해야 할 차례였다. 노신사가 내 눈치를 살피면서 먼저 말을 건넸다.

"그래, 살펴본 소감이 어떻습니까?"

"네, 모두 진품이 틀림없어 보입니다. 이렇게 훌륭한 간찰첩은 처음 봅니다."

"젊은 분이 이것들을 한눈에 알아보다니 대단합니다."

"……."

"그래, 이것들을 얼마나 평가할 수 있겠습니까?"

사실 나는 노신사가 사진을 맡기고 간 뒤 이를 평가하기 위해 여러모로 검토해 보았다. 고심 끝에 나름대로 구입하고픈 가격도 정해 놓았다. 그렇다고 무턱대고 가격을 제시하는 것은 좋은 방법이 아니었다. 가격이 높고 낮고 간에, 상대가 고서의 생리를 잘 알지 못할 경우에는 흥정이 깨지기 십상이기 때문이다. 나는 노신사에게 고서의 매매 과정과 수집가의 생리에 대해 짧은 시간 동안 진지하게 설명했다. 노신사는 내 말을 모두 진실되게 받아들이는 것 같았다.

나는 미리 준비해 간 봉투를 조심스레 앞으로 내밀었다.

"이게 뭡니까?"

"제가 성의껏 평가한 것입니다. ○○원입니다."

"……."

그리고 잠시 침묵이 흘렀다.

"허허, 젊은이 정말 대단합니다. 이 물건의 임자는 젊은인가 봅니다. 내 흔쾌히 드리겠습니다."

거래는 불과 몇 분 만에 끝났다.

여섯번째, 일단 구입한 책은 무르지 않는다. 수집가 중에는 한번 구입한 책을 다시 물러 달라고 하는 사람들이 종종 있다. 물론 책에 문제가 있다면 당연히 그래야겠지만, 너무 비싸게 주고 산 것 같다고 물러 달라면 정말 어이가 없다. 만약, 구입한 책이 나중에 아주 귀중본으로 판명된다면 어떻게 하겠는가. 한번 구입한 고서는 가짜거나 주인이 설명한 내용과 많이 차이가 나지 않는 한 무르지 않는 것이 불문율이다. 이것을 이해하지 못하는 수집가는 결코 좋은 고서를 수집할 수 없다.

십여 년 전 일이다. L씨가 호산방을 방문했다. 그는 평소 고서에 관심을 갖고 있기는 했지만 호산방에서 고서를 구입한 적은 없었다. 『호산방도서목록』에서 『목민심서(牧民心書)』를 보고 왔다며, 이래저래 살피더니 구입하겠다 했다. 모두 열 책이 한 질이고 가격은 이백만 원으로 결코 만만치 않은 값이었다.

『목민심서』는 다산 정약용의 저술로 목민관(牧民官)이 지켜야 할 지침을 밝히고 관리들의 폭정을 비판한 내용의 책이다. 이 책은 1901년 광문사에서 출간되기 이전에는 필사본으로만 전해져 왔다. 『목민심서』 필사본은 지금도 가끔 고서점에서 눈에 띄지만 필체가 좋은 것은 그리 흔치 않다. 호산방에 있던 것은 필체도 좋고 책의 됨됨이가 제법 괜찮은 편이었다.

그런데 그 다음날 L씨에게서 전화가 왔다. 열 책 한 질 중에 한 책이 『목민심서』가 아닌 다른 책이라는 것이었다. 사연인즉 이러했다. 문제의 『목민심서』 제삼책인가가 『흠흠신서(欽欽新書)』로 바뀌어 있었던 것이다.

『흠흠신서』 역시 열 책이 한 질인 다산의 저술이다. 원래 이 필사본들은 『목민심서』와 『흠흠신서』가 각각 한 질로 되어 있었는데, 『목민심서』 제삼책이 낙질되어 누군가가 『흠흠신서』 제삼책을 끼워 넣어 눈속임을 했던 것이다. 나는 이 사실을, 구입 당시는 물론 몇 년이 지나도록 모르고 있었다. 『목민심서』와 『흠흠신서』는 책 모양과 장정은 물론 필체까지도 똑같아 겉으로 봐서는 다른 책이라고 생각할 수 없을 정도였다. 게다가 각 책의 표지에는 '목민심서 일' '목민심서 이'…라는 제목이 각각 붙어 있어 당연히 완전한 한 질이라 생각하고 있었다.

그러면 '흠흠신서'가 어떻게 '목민심서'로 바뀌었을까. 『목민심서』 표지에는 각 책마다 붓글씨로 표제가 씌어 있었다. 문제의 책에는 '목민심서 삼'이라고 씌어 있었는데, 다른 책과는 달리 '牧民心書' 네 글자를 한지에 써서 덧붙인 것이었다. 그러니 수년 동안 갖고 있으면서도 책이 바뀌었을 것이라고는 결코 생각지도 못했다.

나는 L씨에게 자초지종을 설명하고, 본의 아니게 실수를 하게 되어 미안하다고 말했다. 그러나 그는 막무가내로 나를 몰아세웠다. 나 같은 전문가가 어찌 이같은 사실을 수년 동안이나 몰랐을 수가 있냐는 것이었다. 자기는 책을 산 지 단 하루 만에 알아보았는데, 고서점 주인이 책을 살 때 책장도 안 넘겨 보았겠냐는 것이다. 이러한 사실을 알면서도 모른 척하고 판 게 분명하다는 얘기였다. 참으로 난감한 일이 아닐 수 없었다. 사실 고서를 구입할 때 여러 권이 한 질로 된 것은 권수만 헤아려 보고 구입하는 것이 보통이다. 『목민심서』의 경우도 그랬다. 책의 겉모습이 반듯하니 중간에 다른 책으로 바뀌어 있을 거라고는 생각지도 못했던 것이다.

그런데 L씨는 책을 구입하고, 기쁜 마음에 그날로 모든 책에 장서인을 찍었다. 이 과정에서 그와 같은 사실을 알게 된 것이다. L씨는 자기에게도 약간의 과실이 있을 수 있고 이미 모든 책에 자신의 장서인을 찍었으니, 자신도 일부 손해를 볼 테니 환불해 달라고 했다. 나는 모든 게 내 실수로 일어난 일이니 설령 장서인을 찍었다 하더라도 환불해 주겠다 하고 그 즉시 전액을 돌려주었다. 그래도 그는 오해가 풀리지 않은 듯, 그후로 호산방을 다시 찾지 않았다. 그렇다고 더 이상 오해를 풀 방법도 없어 지금까지 두고두고 마음이 무겁다.

그날로 나는 문제의 『목민심서』의 가격을 삼백만 원으로 조정했다. 이백만 원에 팔았던 책이 위와 같은 이유로 반환되었으면 가격을 낮추어야지 도리어 가격을 올리는 것을 의아하게 생각할 수도 있을 것이다. 그러나 내 생각은 달랐다.

이 책이 호산방에 진열된 지는 약 칠 년가량 되었다. 호산방에서는 한동안 팔리지 않은 책의 일부는 가격을 상향 조정하여 판매하기도 한다. 그렇지 않아도 가격을 올

리려던 참이었는데, 퍽 잘되었다 싶었다. 그러나 그 이유보다는, 설령 한 권이 낙질되었다 해도 그 가치가 삼백만 원은 충분하다고 생각했기 때문이었다. 그리고 석 달 후 K교수가 이 책을 사 갔다. 그의 전공은 법학으로 평소 고문서에 관심이 깊었다. 물론 나는 그에게 이 책이 반환되어 돌아온 경위와 장서인이 찍힌 사연을 모두 얘기해 주었다.

사실, 앞서 소개한 경우는 책을 반환할 만한 충분한 사유가 된다. 고서를 수집하다 보면 이와 비슷한 일을 종종 경험하게 된다. 됨됨이가 온전한 것 같아 구입한 책 중에는 가끔 훼손되거나 낙장된 것들이 있다. 이런 경우, 안타깝긴 하지만 어쩌겠는가. 비록 훼손되긴 했어도 책의 가치가 크게 떨어지지는 않는다. 귀중본일수록 더욱 그러하다. 만약 내가 L씨였다면 그 책, 『목민심서』를 그냥 소장했을 것이다. 그렇다고 L씨에게 서운하다는 뜻은 결코 아니다.

일곱번째, 섭치 백 권보다 귀중본 한 권을 산다. 고서 중에서 변변치 못한 책을 섭치라고 한다. 섭치도 나름대로의 가치를 지니고 있다. 또한 유독 섭치를 좋아하는 수집가도 더러 있다. 물론 싼 맛으로 사는 것이겠지만 "지금의 섭치는 영원히 섭치다." 결코 싼 것이 아니다. 섭치 백 권을 사느니 차라리 귀중본 한 권을 사는 것이 여러 면에서 낫다.

여덟번째, 알면 사고 모르면 사지 않는다. 고서를 수집하다 보면 좋은 책을 아주 싼값에 사게 되는 경우가 있다.

또 반대로 아주 비싸게 사는 경우도 있다. 좋은 책을 비싸게 사는 것은 별 문제가 없지만, 사지 말아야 할 것을 샀을 때는 두고두고 문제가 된다. 왜냐하면, 좋은 책은 아무리 비싸게 주고 샀어도 얼마 지나지 않아 잘 샀다는 생각이 들게 마련이지만 가짜라든가 신통치 않은 책을 사면 평생 후회하게 되기 때문이다.

고서를 터무니없이 비싼 값을 주고 사거나 가짜 고서화를 사는 수집가들은 하나같이 자신의 안목을 과신하거나 욕심이 앞서 있다. 한마디로, 잘 알지도 못하면서 고서를 사는 것이다. 반대로, 안목이 있는 사람은 어디서든 좋은 물건을 놓치지 않는다.

이십여 년 전의 일이다. 골동 거간꾼 최씨의 별명은 '최따로'다. 그는 C시와 O시, G시 등을 무대로 고서와 골동을 수집하여 서울 등지에 내다 팔았다. 보통 거간꾼들은 시골을 직접 다니면서 집안에서 내려오는 옛 물건을 수집해 파는데, 최따로는 주로 가짜 골동품을 전문으로 취급하는 별난 이였다. 그래서 별명도 '가짜'라는 뜻의 '최따로'다. 물론 그 아류로, '김따로' '이따로'도 있다.

그가 취급하는 가짜는 추사(秋史) 김정희(金正喜) 글씨를 비롯하여, 민화·민속품 등 매우 다양했다. 그는 가짜 물건을 내놓으면서 일체의 설명을 하지 않았다. 추사의 가짜 글씨를 내밀면서도 능청을 떨었다.

"이거 쓰는 거요?"

그러고는 알 듯 모를 듯한 미소를 흘렸다. 어떤 때는 제

24. 홍세태의 『선명(善鳴)』
(친필본, 조선 후기).

법 그럴듯한 가짜를 내놓기도 했다. 그가 다녀간 며칠 후 그 물건이 다른 고서점에 나도는 게 눈에 띄었다. 그는 호산방에 물건을 팔러 오기보다는 물건을 구하러 오곤 했다. 그가 구하려는 물건은 옛 종이였다. 가짜 그림과 가짜 글씨를 만드는 데 필요하기 때문이었다.

그런 최따로도 가끔은 진짜 고서와 고문서를 들고 다니기도 했다. 하지만 대부분이 섭치였다. 그러던 어느 날 최따로가 고문서 한 뭉치를 내놓았다. 필사본과 시문·간찰 등이 마구 섞여 있었다. 이미 여러 사람의 손을 거친 흔적이 보였다. 그러나 글씨의 됨됨이가 빼어나, 직감적으로 심상치 않은 물건이라 생각되었다. 최따로에게 물건을 구입한 것은 그것이 처음이자 마지막이었다.

아니나 다를까, 시문의 주인공들은 조선 후기의 시인 홍세태(洪世泰)와 최승태(崔承太)·정내교(鄭來僑) 등으로, 소위 위항시인(委巷詩人)들이다. 이 시문들은 모두 이들의 친필이었다. 그 중 홍세태는 17세기말 18세기초의 문단에서 중인층뿐 아니라 사대부들 사이에서도 명망 있는 시인이었다. 이때 '선명(善鳴)'이란 제호의 필사본도 함께 입수했는데, 이 책은 홍세태의 시문을 모아 놓은 필사본으로 그의 친필본이었다.(도판 24)

최따로가 주로 활동하는 C시와 O시, G시는 가짜 고서화와 골동으로 유명한 곳이다. 그러다 보니 고서나 골동 수집가들은 이 지역에서 나온 물건에 대해서는 자연 과민반응을 보이게 마련이다.

하루는 G시의 한 골동가게에 들렀다. 잡다한 물건들이 어지럽게 널려 있었다. 주인이 전지 크기의 까치호랑이 그림을 내놓았다. 옛날 다듬이 장지에 매우 정교하게 그려진 그림이었다. 종이에서 묻어나는 세월의 흔적까지도 아주 자연스러웠다. 그러나 이는 옛 종이에 최근에 그린 가짜 그림이었다. 이 정도의 그림이라면 웬만한 전문가도 속아 넘어가기 십상이다. 특히 민화에 이런 가짜 그림이 많다. 최따로가 구한 옛날 종이는 바로 이렇게 사용되는 것이었다.

주인이 먼저 묻지도 않은 가격을 말한다. 그런데 그 가격이란 것이 가짜일 거라고는 생각할 수 없을 정도로 아주 비쌌다. 그래야 팔리나 보다 생각하고 있을 때, 어지럽게 널려 있는 물건들 사이에 아무렇게나 놓여 있는 그림 한 장이 눈에 들어왔다. 육절지보다 작은 크기에 새 한 마리가 수묵으로 그려져 있었다. 어느 가난한 선비의 벽장 문에 붙어 있던 그림인지 땟물도 그만이다. 첫눈에 격이 있어 보였다. 자세히 살펴보니 '표암(豹菴)'이란 기명(記名)과 '광지(光之)'라는 낙관이 흐릿하지만 분명하게 드러났다. 각(刻)도 훌륭했다. 표암은 조선 후기 문신이자 서화가인 강세황(姜世晃)의 호로, 광지는 그의 자(字)이다. 한성부판윤과 병조참판을 지냈으며, 서화로 북경

에까지 이름을 날린 인물이었다.

"이건 얼마요?"

"지금 막 시골에서 사 온 건데 이만 원만 주시오."

이처럼 가짜를 취급하는 가게에도 가끔은 귀물(貴物)이 섞여 있다. 그러나 이를 감별해내기란 결코 쉽지 않다. 모르고 사는 물건 중에도 가끔은 귀물이 섞여 있을 수 있겠지만, 이를 바라고 고서를 수집하는 것은 어리석은 일이다. 그러나 일부 수집가들은 잘 모르면서도 주저 없이 사기도 한다. 이런 사람들은 사지 말아야 할 물건만 골라 사고, 정작 사야 할 물건은 놓치곤 한다. 고서를 잘 모르면서 고서를 사겠다는 마음부터가 잘못된 것이다. 고서는 열 번 잘 사는 것보다 한 번 실수하지 않는 것이 중요하다.

아홉번째, 구입처와 구입 가격을 말하지 않는다. 고서 수집가끼리는, 어떤 책을 어디서 얼마를 주고 샀다는 등 자랑도 할 겸 정보를 교환하는 경우가 많다. 물론 나쁠 것은 없다. 그러나 앞에서도 말했듯이, 고서란 보는 사람의 관점에 따라 그 평가가 천차만별일 수밖에 없다. 따라서 이러한 정보교환이 고서 수집에 그다지 유익하지 않을 수도 있으며, 이런 정보들이 왜곡되어 수집가나 고서점 주인 모두에게 불편한 요소로 작용하는 경우도 더러 있다.

수집가 중에는 단골 서점의 책값이 너무 비싸다고 비방하고 다니는 사람도 있다. 비싸면 사지 않을 일이지 기껏 사 놓고 비싸다고 말하는 것은 예의가 아니다. 반대로 어느 고서점 주인은 손님에게 고서를 팔아 놓고는 아무개는 책값을 깎는다고 흥을 보기도 한다. 이 역시 깎으려 하면 팔지 않으면 될 일이지, 기껏 물건을 팔아 놓고 손님을 흉보는 것도 예의가 아니다. 세상의 모든 화근은 말에서 비롯되는 법이다. 고서 수집에서도 입이 무거워 나쁠 것은 없다. 대부분의 이름난 수집가나 고서점 주인들이 그러했다. 그래야 좋은 책을 수집하게 되는 법이다.

열번째, 이 서점 저 서점 다니지 않는다. 수집가 중에는 여기저기 순례하듯 다니는 사람이 있다. 물론 잘못된 것은 아니다. 이 서점 저 서점 다니다 보면 많은 책을 구경하게 되고 또 많은 정보를 얻게 마련이다. 이러한 고서점 순례는 고서 수집을 취미로 하는 사람에게는 매우 바람직한 일이다. 그러나 전문적이고 체계적인 수집 목적을 세웠다면 이 방법에는 한계가 있다. 앞에서도 말했듯이, 고서의 유통구조는 깔때기와 흡사해서 좋은 책은 한곳으로 모이게 되어 있다.

다시 말하지만, 고서 수집의 성공 여부는 파트너 선택에 달려 있다. 다만 파트너의 자질에 관한 평가는 순전히 수집가의 몫이다. 파트너의 자질을 판단하는 기준은 우선 고서를 보는 그의 안목이다. 다음으로 인간관계가 고려돼야 할 것이다. 이러한 파트너십은 고서 수집에만 그치지 않고, 장서의 활용이라든가 혹 나중에 있을지 모를 장서의 처분 때에도 원만한 역할을 해줄 것이다.

# 수집가 천태만상

앞에서도 말했듯이 고서 수집의 목적은 사람마다 모두 제각각이다. 또한 고서에 대한 지식과 안목이 다르다 보니 수집하는 방식이나 태도 역시 서로 다른 양상을 보이게 된다. 여기에서는 고서 수집의 태도를 유형별로 살펴보기로 한다. 나는 정보탐색형 · 자기만족형 · 패가망신형 · 자기주도형 등으로 분류하곤 한다.

## 아는 것이 병이다?

정보탐색형 수집가는 대체로 고서 수집보다는 고서가 매매되는 여러 가지 주변 정보에 더 많은 관심을 기울이는 경향이 있다. 그러다 보니 전시회며 경매전 등 각종 고서 모임은 물론 여러 서점을 두루 찾아다니면서 고서에 관한 많은 정보를 얻으려고 한다. 또 여러 수집가와 교류하려 노력하기도 한다. 어찌 보면 매우 바람직한 일임에 틀림없다. 그러나 이러한 과다 정보 때문인지는 몰라도, 이들 중에는 도리어 중심을 잡지 못하고 우왕좌왕하거나 우유부단한 모습을 보이는 사람이 많다. 고서를 수집하면서도 자신의 수집 분야와 컬렉션의 질에 항상 불안해하는 모습을 보이며 다른 수집가의 눈치를 살핀다. 소신이 없기 때문에 구매를 결정해야 하는 순간에도 망설이기 일쑤다.

이런 수집가들은 귀하고 좋은 책을 만나더라도, 이 책

이 정말 귀하고 좋은 책이라면 다른 수집가가 놔두고 가지 않았을 것이라고 지레짐작해 버리기도 한다. 또 지금 막 고서점에 입수된 책을 자신이 제일 먼저 만났어도 이를 구입해야 좋을지 선뜻 판단을 내리지 못한다. 수집 초기의 한 과정으로 일시적으로 하는 생각이라면 모르겠지만, 그렇지 않다면 큰 문제다.

호산방을 십오 년 넘게 드나들었으면서 단 한 차례도 고서를 구입한 적이 없는 C씨. 그는, 호산방에는 소위 고서의 대가들과 전문연구자들이 수시로 드나드니, 좋은 책은 자신의 차례까지 오지 않을 것이라고 지레짐작하곤 했다. 그리고 어쩌다 살까 말까 망설이던 책이 팔린 뒤에야 두고두고 후회하곤 했다.

그러기를 여러 차례 반복하면서도 좀체 결단을 내리지 못했다. 나는 이따금 청계천이나 변두리 고서점에서 그와 심심찮게 마주치곤 한다. 나는 아직도 그가 어떤 분야의 책을, 왜 수집하려고 하는지 도무지 감을 잡을 수가 없다. 어떤 목적으로 고서를 수집하든 간에 즐거움을 느껴야 하는데, 그는 정보 수집에만 관심을 쏟다가 그 때문에 도리어 스트레스만 받는 것 같았다.

C씨와 비슷한 경우로 은행 임원 P씨가 있었다. 내가 그를 안 지는 이십오 년쯤 되었다. 그는 오래 전부터 고서에 관심을 갖고 몇몇 고서점에 다니고 있었다. 그는 나를 만나기만 하면 고서에 관해 이것저것 묻곤 했다. 금융인답게 고서 수집도 경제논리로 이해하려는 것 같았다. 또한 그는 고서의 유통구조에 심한 불신감을 갖고 있는 듯했

다. 같은 책이라도 서점마다 가격이 제각각인 고서의 유통형태를 그의 상식으로는 도저히 납득할 수가 없었고, 그러다 보니 고서 수집에 적극성을 보일 수가 없었다. 그래서 나는 그에게 차라리 고서 수집을 하지 않는 게 낫겠다고 권유한 적이 있었다.

그런데 얼마 후 그가 찾아와서, 이제부터 본격적으로 고서를 수집하려고 하는데 좋은 책을 권해 달라고 했다. 취미생활 겸 노후를 위한 투자로 고서를 수집하고 싶다는 것이었다.

그후 몇 차례에 걸쳐 책을 사 갔는데 주로 오륙십 년대 창간호와 문학서적이었다. 나는 이왕이면 육이오 이전의 책으로 수집하라고 권했다. 그러나 그는 그런 책들은 가격이 비싸니 그냥 오륙십 년대 책을 수집하겠다고 했다. 앞으로 일이십 년 후에는 이것들도 비싸질 것 아니냐는 얘기도 했다. 그때 나는 '개 꼬리 삼 년 묵어도 황모(黃毛) 되지 않는다' 는 속담을 떠올렸다.

이후 그는 여러 고서점을 다니면서 본격적으로 고서를 수집하는 듯 보였다. 이따금 나를 찾아와서 다른 서점에서 구한 책을 평가해 달라곤 했다. 이런 경우 나는 대부분 잘 샀다고 말해 준다. 그러나 값에 대해서만큼은 무어라 할 말이 없었는데 그의 입장에서는 이것이 답답했던 모양이다. 채 일 년이 지나지 않아 그는 고서 수집을 포기했다. 그가 고서 수집을 그만둔 까닭은, 그때까지도 고서계의 생리를 이해하지 못했기 때문인 것 같았다. 그후 길에서 우연히 만났을 때, 그는 고서 수집을 다시 시작하고 싶다고 했다. 나는 그냥 웃고 말았다.

## 우물 안 개구리

자기만족형 수집가는 철저히 자신만의 스타일로 고서를
수집하는 경향이 있다. 어찌 보면 자신만의 철학과 주관
을 갖고 수집을 하는 듯이 보이지만 이는 어느 정도 이상
고서를 보는 안목이 따라 줄 때 얘기지, 그렇지 않다면 어
이없는 결과를 가져올 것이 뻔하다.

계룡산 기슭에 한 도인이 있었는데, 바둑을 잘 두어 근
처 백 리 안에서는 당해낼 자가 없었다. 도인이 어느 날
길을 가다가 바둑을 두고 있는 젊은이를 보고는 대국을
청했다. 내리 세 판을 진 도인은 도무지 그 결과가 믿기지
않아, 다음날 다시 그 젊은이를 찾아가 바둑을 두었다.
결과는 마찬가지였다.

오래 전 어디선가 들은 얘기다. 이 이야기 속의 도인은
자신의 바둑 실력이 어느 정도인지 전혀 모르고 있다. 자
기보다 실력있는 고수를 만나 본 적이 없으니 본인은 물
론 그 주변 사람들도 그의 바둑 실력이 천하제일이라고
믿고 있었다.

내가 아직도 이 이야기를 기억하고 있는 것은, 고서 수
집가 중에도 이와 비슷한 사람이 많아, 그들의 모습에서
저 계룡산 도사를 떠올릴 수 있기 때문이다. 이들은 자신
이 소장한 장서의 수준이 어느 정도인지 전혀 알지 못한
다. 다만 자신의 방식대로 고서를 수집하고, 가치를 부여
하며, 혼자 흥겨워 하면 그만인 것이다. 여기에 고서를

전혀 모르는 주위 사람들이 끼어들어 자연스레 한몫 거든다. 바로 자기만족에 빠져 있는 수집가들이다.

이런 부류의 수집가들은 대개 다른 수집가들과 교류가 없는 것이 특징이다. 설령 교류가 있다 하더라도 자신의 관심 분야 이외에는 애써 외면한다. 어찌 보면 고서를 보는 안목이 있고 주관이 뚜렷한 것 같지만, 실은 그렇지 않다. 이런 유형의 수집가는 앞의 정보탐색형 수집가와 달리 다른 수집가들과 정보교환을 꺼리는 경향이 있는데, 그것은 한편으로 고서 수집에 관한 자신의 실력이나 컬렉션의 수준이 알려지는 게 두렵기 때문이다. 소위 우물 안 개구리 격이라고 할까.

장안평 호산방 시절, 하루는 젊은 여자에게서 전화가 왔다. 집에 고서가 있으니 한번 방문해 달라는 내용이다. 찾아가 보니 작은 연립주택이었는데, 거실부터 집 안이 온통 책으로 가득했다. 안방과 작은방에도, 창문마저 가릴 정도로 온통 책이었다. 책꽂이에 꽂혀 있는 것보다 쌓여 있는 책이 더 많았다. 주로 양장본이었고 한적도 약간 있었다. 한적은 주로 칠서(七書) 낙질이었고, 양장본은 상당수가 일서(日書) 전집류 낙질들로, 상태는 모두 좋지 않았다.

한마디로, 그냥 가져가라 해도 마음이 내키지 않을 책들이었다. 불과 오 분도 지나지 않아 더 이상 책을 보고 싶은 마음이 사라졌다. 그래도 금방 자리를 뜨기가 민망해 머뭇거리고 있으려니 주인이 말을 건넸다.

"선친께서 얼마 전에 돌아가셨는데, 이 책들은 선친이

수집한 거예요. 선친께서는 평생의 꿈이 도서관을 만드는 것이었어요. 자식 된 도리로 선친의 꿈을 이루어 드리고 싶지만, 형편이 여의치 않아 이 책들을 처분해 아파트라도 하나 마련할까 해요."

고인이 된 책 주인의 따님과 며느리로 보이는 젊은 여인의 말이다. 한마디로, 이 책들을 제대로 평가해 준다면 팔겠다는 얘기였다. 이런 경우 참으로 난감하다. 유족들은 선친이 남긴 고서를 천하의 보물처럼 생각하고 있는데, 그 가치가 별것 아니라고 말한다면 얼마나 낙담할 것인가. 아니, 그 이전에 내 말을 믿으려 하지 않고 그저 싸게 사려는 장사치의 수작이라 생각할 터였다.

어떻게 호산방을 알게 되었는지 궁금해 물으니, 고서를 정리하다 『호산방도서목록』이 눈에 띄어 전화를 했다고 한다. 혹시 고인이 내가 아는 분일지도 모른다는 생각에 조심스레 물으니, S씨다.

S씨라면, 호산방에는 두어 번 들렀지만 다른 모임에서 여러 차례 만난 적이 있는 분이었다. 자그마한 키에 쥐색 두루마기를 즐겨 입고 별로 말이 없는 차분하고 온화한 분으로 기억하고 있었다. 고서를 많이 소장하고 있다는 얘기만 들었지 그 양과 질에 대해서는 들은 바가 없어, 그렇잖아도 궁금해 하던 차였다.

그러나 장서들을 본 순간 나의 머리는 혼란에 빠졌다. 평생 고서를 수집한 분의 장서라고는 도저히 믿어지지 않았다. 그렇다고 장서 중 일부를 빼돌린 것 같지도 않았다. 다시 책들을 꼼꼼히 살펴보았지만 마찬가지였다. 그

때 스치는 생각이 있었다. 언젠가 그와의 대화 중에 '왕지(王旨)'를 소장하고 있다는 말을 들은 적이 있었다. 그때 그에게 몇 번이고 되물었던 기억이 난다.

"'교지(敎旨)'가 아니라 '왕지(王旨)'라고 씌어 있습니까?"

교지는 국왕이 신하에게 관직·관작(官爵)·자격·시호(諡號)·토지·노비 등을 내려 주는 문서로, 조선 초기에는 왕지라고 했다. 조선 중기 이후의 교지는 그 수가 많이 남아 있어 고서점이나 골동품점에서 어렵지 않게 볼 수 있다. 그러나 왕지는 매우 귀해, 그것을 내린 인물에 관계없이 귀중한 자료로 평가되고 있다. 나는 유족에게 다시 물었다.

"혹시 왕지 얘기를 듣지 못했습니까?"

"그렇잖아도 얼마 전에 가족이 모두 모였을 때 아버님이 왕지에 대해 설명하시는 것을 비디오로 찍어 놨습니다."

비디오 화면을 통해 본 왕지는 바로 구한말에 흔히 볼 수 있었던 교지였다. 화면 속에서 교지를 설명하는 S씨는 자못 진지했다. S씨의 설명만 들으면 교지의 가치는 천하의 보물이 되기에 충분했다.

혹시나 하는 마음에 그 왕지를 한번 볼 수 있느냐고 청하니 잠시 망설이다가 커다란 스크랩북을 내밀었다. 거기에는 방금 비디오 화면에서 본 바로 그 교지를 포함해 지금의 주민등록등본에 해당하는 호구단자(戶口單子)와 토지문서 몇 장 그리고 신문과 상표 등이 스크랩되어 있었다. 그러나 눈에 들어오는 자료는 하나도 없었다.

고인은 이 책들을 수십 년에 걸쳐, 주로 고물상과 동네 고서점에서 수집했다고 한다. 그래도 그렇지 어쩌면 이렇게 전혀 쓸모없는 고물만 수집할 수 있단 말인가.

나는 씁쓸한 마음으로 그 집을 나왔다. 그리고 두세 달 후에 이 책들을 청계천에서 다시 만났다. 결국은 고인이 생전에 이 책들을 수집했던 것처럼, 이것들은 다시 고물상을 통해 청계천으로 나온 것이다. 앞서 언급한 계룡산 도사 생각이 났다.

노련한 고서점 주인이라면 수집가의 말 몇 마디만 듣고도, 그 사람의 수집 경력을 꿰뚫어 볼 수 있다. 어느 분야의 책에 관심을 갖고 있는지, 몇 년 정도 수집을 했는지, 소장한 장서의 양과 질은 어느 정도인지 알아맞힐 수 있다. 이러다 보니 웬만한 수집가의 머릿속은 훤히 들여다볼 수 있게 되었다. 그런데 아주 드물게 속내를 알 수 없는 수집가가 있다. C회장이 바로 그 중 한 사람이다.

건설업에 종사했던 그는 고서계 일부에서 'C회장'으로 통했다. 그가 오랫동안 관심을 갖고 수집한 분야는 천세력(千歲曆)이었다. 천세력은 백중력(百中曆)과 만세력(萬歲曆)을 아울러 이르는 말로, 매년 매 음력월의 대소(大小), 이십사절후의 입기일시(入氣日時), 매월 초일일·십일일·이십일일의 간지(干支)가 실려 있는 책이다.

그는 기회가 있을 때마다 천세력 이야기로 화제를 끌고 갔다. 그러나 나는 그가 무슨 얘길 하는지 도무지 귀에 들어오질 않았다. 사실 따지고 보면, 고서치고 귀하지 않은 책이 어디 있겠는가. 고서 수집은 수많은 종류의 책 가운데 자신과 가장 잘 어울릴 만한 분야를 정해서 이루어지게 마련이다. C회장은 그것을 천세력으로 정한 것 같았다. 그가 무슨 목적으로 천세력을 수집했는지는 잘 모르겠지만, 천세력에 쏟은 그 열정을 다른 분야의 고서에 쏟았다면 어땠을까 하는 생각을 혼자서 해 보곤 했다.

한 십오 년 전쯤으로 기억된다. 고서를 좋아하는 지인 몇 분과 그의 집을 방문한 적이 있었다. 예상했던 대로 방마다 책으로 가득했다. 그러나 나는 그의 장서를 보고 많은 아쉬움을 느꼈다. 그것은 평생을 고서 수집에 열중한 사람의 장서라기보다는 그저 평범한 애서가의 서재에 지나지 않았다. 문제는 여기에 있다. 누구라도 그 오랜 세월 고서를 수집했다면 그 정도의 서재를 갖추는 것은 기본이다.

그의 장서에서는 고서를 수집하면서 고민하고 애쓴 흔적이 별로 느껴지지 않았다. 그의 장서를 폄하하려는 말이 아니다. 결코 적지 않은 시간과 열정으로 책을 수집하면서, 정작 중요한 사실을 놓치고 있었다. 수집에만 급급했지, 수집 목적과 이에 대한 활용 등이 전혀 고려되지 않았던 것이다.

물론 그의 장서에서 천하의 진본이라든가 고가의 귀중본을 기대한 것은 아니다. 다만 그 오랜 세월 고서를 수집했다면, 적어도 자기만의 색깔이 있어야 했다. 그리고 눈을 즐겁게 하는 귀중본 몇 권 정도는 눈에 띄었어야 했다.

그것을 천세력이라고 한다면 할 말이 없지만.

고서보다는 주로 고서화나 골동 수집가 중에서 수집을 잘못해 패가망신하는 사람을 더러 보았다. 골동을 수집하는데 어떻게 패가망신하느냐고 하겠지만 그렇지가 않다.

이십 년 전쯤에 K씨의 집을 방문한 적이 있었다. 대부분의 고서 수집가가 그렇듯이, 현관에 들어서자 벽에는 온통 고서화가 걸려 있고 집 안에는 고서와 골동이 즐비했다. 반닫이에서 서첩과 간찰첩 등을 꺼내 보여주는데, 퇴계·율곡·다산·추사 등 눈에 띄는 인물들의 작품이 한다발이었다.

그러나 이를 어쩌랴, 하나같이 모두가 가짜인 것을. 명인의 것은 가짜투성이고 누군지 알 수 없는 그저 그런 작품들은 진짜이니, 결국 모두가 가짜라는 말이 아닌가. 더 보여주겠다는 그의 말이 귀에 들어올 리 없었다.

그러고 몇 년 후, 그의 소장품 중 일부가 유명 기관에서 주최하는 전시회에 출품됐다. 물론 가짜 글씨도 여러 점 섞여 있었다. 그러다 얼마 전 가짜 그림 사건에 휘말려 곤욕을 치르기도 했다. 평생 쌓아 온 명예가 한순간에 무너져 버린 것이다. 그러나 아직도 자신의 수집품이 가짜라고 믿기지 않는 모양이다. 그가 정말 그 소장품들을 가짜인 줄 모르고 수집했다면 참으로 안타까운 일이 아닐 수 없다.

특히 서화 골동 세계에서 가짜를 사고파는 행위는 공공연하게 이루어지고 있다. 몰라서 사고팔고, 알면서도 사고판다. 서로 가짜인 줄 알고 사고파는 것으로 그친다면 모르겠으나 이것들이 언젠가는 진짜로 둔갑해 세상에 돌아다니게 된다면 그것은 분명 심각한 문제다.

가짜 고서화와 관련해서, 대부분의 고서화 수집가에게는 고약한 버릇이 하나 있다. 살 때는 가짜라도 좋다며 싼값에 산 물건이라도, 일단 자기 것이 되면 혹시 진짜일지도 모른다는 생각이 드는 것이다. K씨가 바로 그런 경우였다.

이십여 년 전 고서화 수집가로 꽤 알려진 궁정동 P사장이 있었다. 하루는 그의 집에 초대받아 갔더니 방마다 온통 고서화로 그득했다. 역대 유명 서화가의 작품이 총망라되어 있었다. 그런데 이게 어찌 된 일인가. 값이 나갈 만한 것들은 첫눈에도 모두 가짜였다. 그러나 이런 수집가를 이미 여러 번 봤기 때문에 나에게는 그리 놀랄 일도 아니었다.

고서화를 수집하는 사람 중에는 거짓말처럼 가짜만 일관되게 수집해 놓은 수집가가 더러 있다. 나도 처음에는 이해가 되지 않았다. 고서화를 수집하다 보면 자신도 모르는 사이에 어쩔 수 없이 가짜를 사기도 하겠지만, 그래도 가짜보다는 진짜가 더 많아야 할 게 아닌가.

일부러 가짜만 수집하지는 않았겠지만 그 원인은 수집가 자신에게 있음을 알아야 한다. 대개 이런 수집가일수록 고서화에 대한 지식은 얕으면서 무조건 유명 서화가의 작품만 수집하려 한다. 일단 이런 수집가들은 남의 말을 곧이들으려 하지 않는다. 그리고 자신의 안목을 과신

한다.

또한 이런 수집가 주위에는 불량한 거간꾼이 항상 끼어들게 마련인데, P사장의 경우가 바로 그랬다. 이런 거간꾼들은 수집가와 연결된 사업적 소통관계를 자신이 통제할 수 있도록 만들어 놓는다. 그러니 철저하게 가짜만 수집할 수밖에 없다. 이런 수집가가 자신의 수집품에 문제가 있다는 것을 알게 되는 것은 소장품을 처분하려고 할 때이다. 그러나 그때는 중간에 끼어 있던 거간꾼은 이미 자취를 감추고 모든 상황은 끝난 후다. P사장도 그랬다. 그후 그는 몇 년 동안 이 물건들을 처분하려고 애쓰는 것 같았다. 그런데 처음에는 분을 삭이지 못했지만, 나중에는 자신의 소장품들이 마치 진품인 것처럼 태연하게 말하고 행동하는 것이었다. 이런 점에서는 앞의 K씨와 비슷했다.

## 고서계(古書界)의 신사들

고서 수집가 중에서 가장 원숙한 경지에 이른 수집가는 자기주도형 수집가라 할 수 있다. 이런 수집가 중에 A선생이 있다. 그에게 고서 수집은 취미이자 연구이자 생활 그 자체였다. 그는 철저히 자신의 안목에 따라 책을 수집했고, 조금이라도 비싸다 싶은 책은 결코 사지 않았다. 굳이 비싸게 주고 살 이유도 없고, 그가 고서 수집에 지출하는 돈은 그의 형편에서는 매우 벅찼기 때문이다. 그는 수십 년간 하루가 멀다 하고 청계천 · 장안평 · 인사동을 순례하면서 책을 수집하지 않는 날이 없었다.

A선생은 허름하게 널려 있는 고서 더미 속에서 책 몇 권을 골라 놓고는 헐값에 잘 사기로 소문난 분이다. 그도 그럴 수밖에 없는 것이, 대부분의 고서점 주인이 그의 성격을 잘 아는 탓에 가격을 비싸게 부르고 싶어도 주눅이 들어 헐값에 팔곤 했던 것이다. 특히 필사본에 관심이 많아, 이렇게 수집한 책 가운데는 유명인의 친필본이 더러 섞여 있기도 했다. 물론 그만한 안목이 있기에 가능한 일이었다.

그는 이렇게 수집한 고서를 바탕으로 연구도 하고, 책도 여러 권 냈다. 평생 수집한 장서를 유명 연구기관에 양도한 대가로 집도 장만했으니, 평생 고서 수집에 들인 열정이 경제적으로도 도움이 되어 돌아온 것이다.

A선생과 비슷한 경우로 Y교수가 있다. Y교수는 주말이면 인사동과 청계천, 장안평으로 고서점 순례에 나선다. A선생과도 절친한 사이로, 수집 스타일도 상당 부분 비슷했다. 그 역시 결코 비싼 책을 사는 일이 없었다. 과하다 싶을 정도로 책을 많이 사기로 유명한데, 주로 허름해 보이는 고서를 많이 수집했다.

호산방에 들렀을 때나 길에서 만날 때면 곧바로 아무 데서고 가방을 풀어헤치고 구입한 책에 대해 품평하곤 했다. 간혹 욕심나는 책이 있기는 하지만 거의 섭치였다. 그도 그럴 것이, 고서 수집에는 안목도 중요하지만 어느 정도 경제력이 따라야 하는데 Y교수는 그 이상의 욕심을 부리지 않았던 것이다.

물론 이렇게 수집한 책 중에도 가끔 귀중본이 있었다.

이렇게 소장하고 있던 희귀본 몇 권을 팔아 딸을 시집보낸 일화는 지인들 사이에서 두고두고 회자되고 있다.

고서점가의 큰손으로 통하는 수집가 L선생. 젊어서 한때 고서점을 운영하기도 했던 그는 건장한 체구에 일흔이 넘어서도 왕성한 수집의욕을 보이는 분이었다. 마음에 드는 고서를 만나면 가격이 높고 낮음을 막론하고 무조건 입수하기로 소문난 분이기도 하다. 그는 지도와 영토 관련 자료를 집중적으로 수집했는데, 이 방면에서라면 그 컬렉션의 양과 질이 타의 추종을 불허할 정도였다.

특히 그는 오래 전부터 일본에서 많은 자료를 수집해 오기도 했다. 그래서 그와 가까이 지내는 사람들은 그를 '수원 독립군'이라고 불렀다. 그의 집이 수원이기 때문에 붙여진 별명이었다. 그는 수집한 자료를 여러 차례에 걸쳐 D기념관 · H기념관 · D박물관 등 여러 곳에 기증했다. 특히 D박물관은 선생의 기증자료로 설립되었으며, 그곳의 초대 박물관장을 지내기도 했다.

대부분의 사람들은 기념관이나 박물관에 자료를 기증하는 것에 최고의 가치를 부여할지 모르나 실은 그렇지만도 않은 것이 현실이다. 일단 기증한 후에는 자료의 관리와 활용에 관한 모든 일들이 기증처의 사정에 따를 수밖에 없다. 이런 면에서, 기증자료가 기증자의 뜻과는 관계없이 관리되는 경우도 더러 있다.

또 기증받는 입장에서는 별로 필요치 않은 유물을 마지못해 받는 경우도 있는데, 심지어 고서 같은 것은 일일이 목록을 작성해야 하는 부담을 이유로 기증받는 일조차

꺼리기도 한다.

L선생은 자료를 기증한 후에도 이들에 대한 미련을 버리지 못한 것 같았다. 기껏 기증했더니 관리도 제대로 되지 않고 전시장에 진열도 되지 않아 섭섭하다는 말을 내게 자주 하곤 했다. 그러나 기증받은 쪽에서는 자신들의 입장은 이해하지 못하고 당장 가시적인 성과를 요구하는 L선생에게 되레 불편함을 느끼기도 하는 것 같았다.

하긴, 어떻게 자신이 직접 관리하는 것과 같을 수 있겠는가. 그래서 어떤 자료든 돈을 주고 산 사람이 관리를 제일 잘하는 것인지도 모른다. 적어도 그 자신이 살아 있는 동안은 그렇다.

L선생은 말년에 몇 년간 개인 연구소를 운영하면서 수집한 자료를 바탕으로 영인 출판 등의 활동을 하는 듯했으나, 결과는 기대에 미치지 못했다. 그는 결국 박물관 설립의 꿈을 이루지 못했고, 사후에는 나머지 자료들이 S시로 기증되었다.

또 다른 수집가 L씨는 고위 공직에 오래 있던 분이다. 고서를 보는 안목이 탁월해서 좋은 책을 보고 놓치는 일이 없었다. 그의 관심 분야는 지방행정에서부터 가요·꽃·기생에 이르기까지 매우 폭넓어, 그 컬렉션을 보면 가히 박물관 수준이다. 사실 자료를 폭넓게 수집하다 보면 깊이가 없게 마련인데, L씨의 경우에는 그렇지 않았다. 내가 만나 본 수집가 중에서 최고의 안목을 갖춘 몇 사람 중의 하나였다.

고서를 구입할 때의 매너 역시 최고의 신사라 할 만했

다. 그는 호산방에서 그 많은 책을 구입하면서 한번도 가격에 관해 얘기한 적이 없었다. L씨는 구입한 책에서 얻은 내용을 국정(國政)에도 참고하고 저서도 여러 권 냈다. 고서 수집의 전범을 보여주는 좋은 예이다.

# 고서점 풍경

## 준마(駿馬)와 백락(伯樂)

옛날에 준마를 팔려는 사람이 있었다. 그는 사흘 내내 그 말을 시장에 내놓았지만, 사람들은 그것이 준마임을 전혀 알아보지 못했다. 이에 말 주인은 백락(伯樂)을 찾아가 이렇게 말했다.

"내게 준마가 있어 팔려고 하는데, 사흘 동안이나 시장에 내놓았는데도 알아보는 이가 없었습니다. 선생께서 제 말을 한번 살펴봐 주십시오. 그리고 자리를 떠나시다가 아까운 듯한 표정으로 한번 뒤돌아봐 주십시오. 그렇게 해주신다면 제 하루 벌이를 그 대가로 드리겠습니다."

이에 백락이 말을 살펴본 후 그 자리를 떠나다가 한번 뒤돌아보았다. 그러자 하루아침에 말의 가격이 열 배로 올랐다.

『전국책(戰國策)』에 나오는 이야기다. 춘추시대 진(秦)나라 사람 손양(孫陽)은 말 감정에 조예가 깊은 명인으로, 그의 탁월한 안목과 식견에 탄복한 사람들은 천마(天馬)를 주관한다는 별의 이름을 따 그를 본명 대신 '백락'이라 불렀다. 어찌나 정평이 높던지 그의 품평 한마디에 말 값이 순식간에 몇 곱절씩 뛰어오를 정도였다.

고서 수집에서도 이와 비슷한 경우를 종종 볼 수 있다. 고서에 뛰어난 안목을 가진 사람이 어떤 책에 관심을 보이면 그 책은 비싼 가격으로 팔리기도 한다.

언젠가 청계천에서 있었던 일이다. 평소 친분있는 지인으로부터, 지금 막 모 서점에서 예사롭지 않은 책을 보았으니 서둘러 가 보라는 전화를 받았다. 곧장 달려가니 주인이 책을 내놓았다. 그러나 책값은 방금 전화로 전해 들은 값의 두 배를 불렀다. 아무 말 않고 돈을 건넨 뒤 책을 들고 나왔다.

불과 한 시간도 안 되어 책값을 두 배로 올렸는데, 이처럼 고서점 주인이 손님에 따라 가격을 달리 부르는 경우가 더러 있다. 손님이 책의 내용을 잘 알아보는 듯하거나 꼭 필요해서 살 듯한 경우에는 이런 수법을 쓰기도 한다. 그렇다고 이것을 따지고 들면 서로 관계만 어색해지니 그냥 모른 척한다.

그날 구입한 책은 『홍전시략(紅田詩略)』 필사본이었다. '홍전시략'은 표제이고 속표제는 '자하시집(紫霞詩集)'이라고 씌어 있었다. 자하는 조선 후기 문신이자 화가·서예가로 유명한 신위(申緯)의 호다. 책 윗부분이 조금 손상됐지만 됨됨이가 반듯한 것이 첫눈에 귀물이었다. 시종일관 단아한 글씨로 아주 정성스레 만든 필사본이었다. 대부분의 필사본이 그렇지만 문제는 누구의 친필인가 하는 것이다. 잘 만들어진 필사본 중에는 해서(楷書)로 쓴 글이 많은데, 이 경우 누구의 글씨라고 단정하기가 쉽지 않다. 이 책의 글씨가 그랬다. 일점일획을 정확히 독립시켜 쓴 것으로, 파세(波勢)가 없고 방정하게 정서(正書)했다. 또 목판 괘선지의 판심(版心) 아래 어미(魚尾) 상부에 안경 모양의 그림이 새겨져 있어 이채로웠다.

순간 나는 자하의 친필임을 직감했다. 그러니 책값을 두 배로 불러도 안 살 도리가 없었다. 그날 N씨가 호산방에 들렀다가 이 책을 보더니 갖고 싶다고 했다. 당시 그는 청량리 근처에서 꽤 규모있는 레스토랑을 운영하고 있었는데, 시골에서 국민학교를 졸업하고 상경하여 자수성가한 사람으로, 어려서 찢어지게 가난한 탓에 책을 사 보지 못한 것이 한이 되어 늦게나마 책을 사 본다고 했다. 그는 고서에는 문외한이었지만 내 말이라면 그대로 믿고 따랐다.

그리하여 결국 이 책은 그의 손으로 넘어갔다. 일 주일쯤 후, 나는 우연히 어떤 책을 보다가 연세대학교에 소장되어 있는『몽홍선관시초(夢紅仙館詩抄)』를 발견했다. 이 책은 자하의 친필로 알려진 책이다. 그런데 여기에 사용된 괘선지의 판심에『홍전시략』의 안경 그림과 똑같은 그림이 그려져 있는 것이 아닌가. N씨에게 보낸『홍전시략』괘선지의 문양과 연세대 소장본『몽홍선관시초』의 그것은 분명 일치했다. 이 괘선지는 바로 자하의 전용지였던 것이다.

또 한번은 한 서점에서 이삼십 권의 책을 골라 놓고 각 권에 대한 가격을 셈하는데, 주인에게 가격을 물었더니 처음에 말했던 것과 달랐다. 조금 전에 부른 가격을 주인도 헷갈려 하는 것이다. 고서를 수집하다 보면 이와 비슷한 경우를 종종 경험하게 된다. 고서에는 가격이 정해져 있지 않기 때문에 고서점 주인의 재량에 따라 가격이 정해지게 마련이다. 그래서 어떤 경우에는 터무니없이 비싸게 부르기도 하는 것이다. 그러나 설령 터무니없이 비싸게 불렀다 하더라도 손님과 주인의 관계에 별로 문제가 되지 않는 것이 고서점의 생리다.

가령 손님이 "이것은 그렇게 비싼 책이 아니고 이 정도면 적당할 것 같소" 하면 주인은 못 이기는 체하고 적당한 선에서 고객의 요구에 응한다. 이러한 예가 고서점에서 관례가 된 풍경이다. 어찌 보면 이렇듯 같은 책이라도 고서점마다 가격이 다 다른 것이 고서 수집의 매력인지도 모른다. 고서점 주인은 고서를 입수한 후 가격을 정하기까지 나름대로의 고민과 연구를 거듭한다. 가격을 정하는 방법도 여러 가지다. 그 중에는 평소 잘 알고 지내는 손님에게 책을 보여 주면서 눈치를 살피는 경우도 있다.

"이거 소장자가 팔아 달라고 맡긴 건데, 얼마에 사면 되겠소?" 그러면 자연스레 얼마에 팔면 되겠다는 계산이 나오게 된다. 그런데 만약 그 과정에서 손님이 그 책을 욕심내면 주인 입장에서는 머쓱할 수밖에 없다. 손님이 되레 주인에게 "그래, 소장자가 꼭 얼마를 받겠답디까?" 물으면, 주인이 "이거 소장자가 얼마를 받아 달라는데" 하면서 아주 높은 가격을 던져 보기도 한다. 이처럼, 서점 주인들은 낯선 책의 가격을 알아보는 데 나름대로 여러 가지 요령을 가지고 있다. 설령 자신이 제시한 가격이 터무니없이 비싸도 민망해 할 까닭이 없다. 이미 '소장자가 맡긴 물건'이라고 복선을 깔았기 때문이다.

또 심상치 않은 고서를 입수하면 일단 가게 한구석에 무심한 척 놔두고는 손님이 물어 올 때를 기다린다.

"이거 얼마요?"

"그건 팔 물건이 아닌데….'

"……."

"굳이 필요하시다면, 얼마나 주겠소?"

이때 손님은 책이 욕심나면 나름대로 가격을 제시하는데, 그러면 십중팔구 그 책을 사지 못한다. 주인이 생각했던 가격보다 높으면 혹시 이것이 아주 귀한 책일지도 모른다고 생각해 쉽게 팔지 않을 것이고, 생각했던 가격보다 낮으면 적당히 거절한 뒤 다른 손님에게도 똑같은 방법을 쓴다.

나는 이런 주인에게 이렇게 말한다.

"가격을 잘 몰라서 나보고 얼마면 사겠냐고 물었을 텐데, 그럼 내가 제시하는 값에 무조건 팔 겁니까? 그렇다면 성의껏 말하겠습니다. 그게 아니라면 꼭 받고 싶은 값을 먼저 말하십시오. 값이 적당하면 사겠습니다."

나는 절친한 사이가 아니면 절대로 가격을 먼저 말하지 않는다. 저렇게 묻는 것은 얼마가 되더라도 애당초 나에게 물건을 팔 생각이 없기 때문이다. 그저 그 가치를 알아보기 위해 잔꾀를 부린 것일 뿐이다.

## 눈감 땡감

"이게 무슨 책이오?"

"잘 모르겠소."

"얼마면 되겠소?"

"십만 원만 주시오."

"눈감 땡감, 오만 원만 합시다."

"좋소, 눈감 땡감. 가져가시오."

고서나 골동의 세계에는 '눈감 땡감'이란 말이 있다. 가치를 잘 모르는 물건을 사고팔 때 쓰는 말이다. 그러나 이 말은 아주 묘한 뉘앙스를 갖고 있다. 사고파는 사람 모두가 그 가치를 잘 모르면 답답하기도 할 텐데 전혀 그렇지 않다. 도리어 시원시원하다.

사실 눈감 땡감이란 말에는 깊은 속내가 깃들어 있다. 사는 사람은 혹시 이 물건으로 '땡' 잡을지도 모른다는 기대감을 갖고 있고, 파는 사람은 별로 신통치 않은 물건을 모른 척하고 잘 파는 거라 생각하는 것이다. 그러니 전혀 답답할 이유가 없다. 서로의 속내를 눈감 땡감이란 말로 합리화한 것이다.

그러나 그런 물건치고 제대로 된 것을 만나기란 쉽지 않다. 잘 모르고 산다는 것이 얼마나 어리석은 일인가. 또한, 정말 잘 모르면서 파는 물건이라면 주인에게도 문제가 있다. 그러나 주인은 나름대로 알아볼 것은 다 알아봤을 수도 있다.

눈감 땡감은 얄팍한 상술과 헛된 욕심이 만들어낸 저속한 거래 방식이다. 예컨대, 고서를 잘 모른다면서 버젓이 고서를 파는 고서점 주인이 있는데, 이들에게 이런 거래 방식은 대개 겸손이 아니라 유치한 상술이다. 그런데 희한하게도 이러한 고서점이 장사가 잘된다.

## 조 노인과 『추사서첩(秋史書帖)』

책값을 깎는 데 그 수법이 남다른 수집가도 있다. 앞에서도 언급했지만, 고서 거간꾼 조성호 노인은 특히 글씨를 보는 안목이 뛰어났다. 고서계에서는 신용만 있으면 고가의 물건이라도 위탁으로 내주는 것이 상례다. 조 노인은 골동품 가게에서 물건을 위탁받아 다른 가게나 수집가에게 판매하는 일을 했다. 그는 일단 물건을 입수하면 내게 제일 먼저 보여주곤 했다.

한번은 내가 노인에게 추사의 글씨를 위탁으로 내준 적이 있었다. 십여 장의 글씨가 붙어 있는 작은 서첩이었다.(도판 25-26) 며칠 후 노인은 이것을 K씨에게 판매했다. 그후 물건 값을 받아 와 모든 거래를 끝냈다. 그러고 얼마 안 있다 노인이 찾아와, 판매한 서첩에 문제가 생겼으니 반품할 수 없겠느냐는 것이다. 사연인즉 이러했다.

노인이 또 다른 물건을 역시 K씨에게 판매하고 약속한 날에 돈을 받으러 갔더니, 물건 값을 대폭 깎아 달라고 했다는 것이다. 지난번에 구입한 『추사서첩』이 가짜이니 그만큼의 값을 깎아 주든지, 아니면

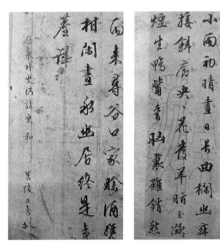

25-26. 추사의 글씨 십여 장이 붙어 있는 『추사서첩』.

『추사서첩』을 반품하겠다는 것이었다.

이에 노인은 K씨에게, 『추사서첩』을 구입하기 전에 나름대로의 감정을 거쳤고, 또 그 대금은 주인에게 이미 지불한 상태라 반품은 곤란하다고 말했다 한다. 그러나 K씨는 어찌 되었든 『추사서첩』 대금을 갖고 와야 물건 값을 내주겠다고 막무가내로 버텼던 것이다. 『추사서첩』은 그렇다 치고 그 물건은 조 노인이 다른 가게에서 위탁받은 것이라 물건 임자에게 가부간에 결정을 해주어야 하는 딱한 처지에 놓여 있었다.

우여곡절 끝에 『추사서첩』은 내게 다시 돌아왔고 조 노인과 K씨의 문제도 해결되었다. 물론 나와 조 노인은 이 서첩이 진품이라는 확신을 갖고 있었다. 그러나 상대방 쪽에서 가짜라고 하면서 돈을 내놓으라니 조 노인의 입장에서는 난감한 노릇이 아닐 수 없었다. 이처럼 수집가 중에는 거간꾼들이 가져온 물건을 얼마에 사기로 결정해 놓고는, 막상 셈을 할 때는 다시 또 얼마를 깎으려는 사람들이 있다. 아주 고약한 버릇이다. 그후 서첩은 다른 곳으로 팔렸고, 몇 년 후 한 전시장에서 이 서첩을 다시 볼 수 있었다. 사고 싶었지만 이미 가격이 많이 뛴 상태였다.

**나한사전**

1990년 10월, 일본 도쿄에서 열린 국제고서전 때의 일이다. 영국의 '한산당(寒山堂, HAN-SHAN TANG)'이란 고서점 부스에 『나한사전(羅韓辭典, *Parvum Vocabularium*

27. 파리외방전교회에서 펴낸 『나한사전』(1891). 일본에서 구입한 것이다.

*Latino-Coreanum*)』이 눈에 띄었다.(도판 27) 이 책은 우리
나라 최초의 라틴-조선어사전으로, 1891년 홍콩 파리외
방전교회에서 펴낸 것이다. 나는 이 책을, 한두 해 전 서
울의 어느 고서점에서 본 적이 있었다. 당시 생각보다 가
격이 비싸 망설이다가 마침 가진 돈도 부족하여 다음에
다시 오기로 했는데, 며칠 후 서점에 들러 보니 그 책은
이미 팔리고 없었다. 그때의 서운함이란 이루 말할 수가
없다. 사실 그 책은 당시 가격으로는 매우 비쌌기에 그런
비싼 가격에 쉽게 팔릴 것이라고는 생각지도 못했다. 평
소 서점 주인하고도 잘 아는 사이라 외상은 물론 예약만
했어도 살 수 있었던 책을 놓친 것이다.

　서운함도 잠시, 나는 그 정도의 돈을 주고 그 책을 사

간 사람이 과연 누굴까 생각해 봤다. 그러나 도무지 감이 잡히지 않았다. 웬만한 고서 수집가들의 성향까지도 거의 알고 있는 나로서는 자못 궁금하지 않을 수 없었다. 그러다 까맣게 잊고 있었던 바로 그 책을 일본에서 만난 것이다. 그 대가로 나는 서울에서 본 가격의 대여섯 배를 주고 그 책을 살 수밖에 없었다. 그리고 다시 몇 년 후, 대구의 한 고서점에서 이와 똑같은 책을 다시 만날 수 있었다. 가격은 일본에서 산 것의 수십분의 일 수준. 그것도 일본에서 산 책은 표지가 떨어져 나가 수리해야 했는데 이 책은 상태가 완전한 것이었다. 이때의 기분을 표현한다면, 일본에서는 제값을 주고 샀지만 대구에서는 '땡잡은' 것이었다. 어쨌든 둘 다 기분 좋은 일이다. 이것이 바로 고서의 가격이다.

잊지 못할 책, 못다 한 이야기

# 내 마음의 책

## 못 잊도록 생각이 나거든

십여 년 전 언론인 L씨로부터 시인 안서(岸曙) 김억(金億, 1896-?)이 쓴 엽서와 편지 이십여 통을 얻었다. 이 편지는, 평북 철산(鐵山) 출신으로 중국 상해와 봉천 등지에서 독립운동을 하다가 1936년 조선일보에 입사해 주필·부사장을 지낸 유봉영(劉鳳榮, 1897-1985)에게 보낸 것들이다. 안서는 고향 정주(定州)에서, 철산과 경성, 중국 봉천으로 옮겨 다닌 친구 유봉영에게 편지와 엽서(도판 30-31)를 보냈는데, 1919년 편지에는 '안서용고(岸曙用稿)'라는 글자가 인쇄된 오백칠십육 자(24×24) 전용 원고지를 사용하고 있다.(도판 28-29)

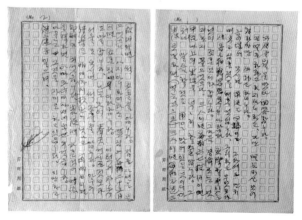

28-29. 김억이 친구 유봉영에게 보낸 편지. 그의 전용 원고지에 쓴 편지에는 벗에게 전하는 진술한 이야기가 담겨 있다.

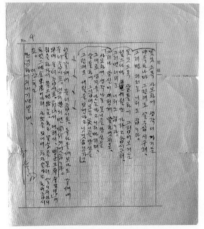

또 다른 이백사십 자(12×20) 원고지에 쓴 1922년 3월 23일 편지에는 소월(素月) 김정식(金廷湜, 1902-1934)의 「못잊어」를 연상케 하는 내용의 시가 적혀 있다.(도판 32) 「못잊어」풍의 시가 들어 있는 안서의 편지는 모두 넉 장이다. 안서는 여기에 지금 무슨 생각을 하며 어떻게 살고 있다고 시시콜콜하게 적고 있다. 문제의 시는 안서가 친구에게 자신의 심각한 고민을 다음과 같이 토로하면서 소개됐다.

30-31. 김억이 유봉영에게 보낸 엽서.(위)
32. 소월의 「못잊어」 풍의 시가 실려 있는, 김억이
유봉영에게 보낸 1922년 3월 23일자 편지.(아래)
이 시는 소월이 『개벽』에 발표할 때보다 두 달가량 앞섰고
시를 쓴 동기를 분명히 밝히고 있어, 「못잊어」의
원작자는 김억일 가능성이 크다.

狂人? 泥醉? 戀愛熱中? 이 세 가지만이 現實世界의 모든 苦痛에서 自由롭게 하여 주는 듯합니다. 眞正한 告白을 하면 나는 그 동안 웃읍은 로맨쓰를 가젓읍니다. 그것은 아모것도 몰으는 十七歲의 所謂 生離別짜리와 놀앗읍니다. 한데 그것이 郭山一周에 갓득히 所聞이 낫읍니다. 하고 저 便에서는 共同生活을 請하여, 참말로 싹하엿읍니다. 만은 그것도 이제는 지내

간 숨되고 말앗습니다.

　온갖 힘을 다하야 다른 곳으로 살님 가도록 하엿읍니다. 罪를 지엇읍니다. 그러나 엇지합닛가. 사람의 맘이란 물과도 갓고 바람과도 갓튼 것이매. 그것을 엇지합니가. 日前에 이러한 말을—그말은 쓰지 안읍니다—듯고 卽興으로 詩하나 지여주엇읍니다.

　안서가 열일곱 살짜리 애인을 떠나보내며 즉흥으로 지은 시에는 제목이 없다. 그 전문은 다음과 같다.

　못닛도록 사모차게 생각이 나거든,
　야속하나마 그런데로 살으십시구려,
　그려면 더러는 니저도 집니다.

　못닛도록 살틀하게 그립어오거든
　설으나마 세월만 가라고 합시구려,
　그러면 더러는 니저도 집니다.

　그러나 당신이 이럿케 말하겠지요,
　"사모차게 생각나는 못니즐 당신을
　그대로 생각을 안는다고 니저바리며,
　살틀하게 그립어오는 못니즐 당신을
　그런대로 세월을 보낸다고 닛겠읍닛가?"

　소월은 이와 비슷한 시를 1923년 5월에 발간된 『개벽』

35호에 처음 발표했다. 발표 시기는 안서의 편지보다 두 달가량 늦다. 『개벽』에 발표된 시는 「사욕절(思慾絕) I, 못닛도록 생각이 나겟지요」라는 제목으로, 『진달래꼿』에 수록되기 전의 작품이다.(발표 당시 제목)

> 못닛도록 생각이 나겟지요,
> 그런대로 歲月만 가랍시구려.
>
> 그러면 더러는 닛치겟지요,
> 아수운대로 그러케 살읍시구려.
>
> 그러나 당신이 니르겟지요,
> "그립어 살틀이도 못닛는 당신을
> 오래다고 생각인들 떠지오릿가?"

그리고 이는 다시 1925년 소월의 첫 시집 『진달래꽃』에 「못니저」(발표 당시 제목)라는 제목으로 수록되었다.

> 못니저 생각이 나겟지요,
> 그런대로 한세상 지내시구려,
> 사노라면 니칠날 잇스리다.
>
> 못니저 생각이 나겟지요,
> 그런대로 세월만 가라시구려,
> 못니저도 더러는 니치오리다.

그러나 또한긋 이렇치요,
"그립어 살틀히 못닛는데,
어찌면 생각이 떠지나요?"

안서의 편지에 실린 시와 『개벽』에 발표한 소월의 시 「사욕절 I, 못잊도록 생각이 나겠지요」 그리고 『진달래꽃』에 수록한 「못잊어」는 시어와 리듬에서 차이가 날 뿐, 같은 시가 개작을 통해 변모한 것으로 보아도 무방하리만큼 내용과 분위기가 비슷하다.

널리 알려진 대로 안서는 소월에게 특별한 스승이다. 안서는 평북 정주의 오산학교에서 소월의 시재(詩才)를 발굴해 키웠으며, 그를 문단에 데뷔시키고, 소월이 세상을 떠날 때까지 시 스승이 되어 주었다. 안서는 소월이 쓴 대부분의 시를 미리 받아 첨삭(添削)·정서(正書)한 다음 잡지사에 넘겼다. 이런 작업은 소월 사후에까지 이어져, 소월의 유고를 손질해 각종 잡지에 발표하고, 『소월시초』(1939), 『소월민요집』(1948)을 펴내기도 했다.

안서가 편지에 쓴 문제의 시는 소월이 『개벽』에 「사욕절 I, 못잊도록 생각이 나겠지요」를 발표했을 때보다 두 달가량 앞섰고 시를 쓴 동기가 분명한 만큼 원작자가 안서일 가능성이 크다. 이같은 점은 안서의 또 다른 편지에 실린 시 「사향(思鄕)」을 통해서도 확인된다. 1919년 5월 15일 경성에서 쓴 이 시는, 안서의 첫 시집이자 한국 최초의 근대시집인 『해파리의 노래』(1923)에 같은 제목으로 조금 변형되어 실려 있으며, 『진달래꽃』에 수록된 소월

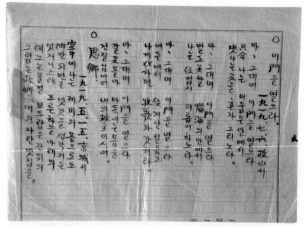

33. 김억이 1919년 5월 15일에 쓴 「사향」 원고. 김억은 소월의 스승이었고,
이 시가 소월의 시 「제비」와 비슷하다는 사실을 통해 소월 시의 원형을 밝힐 수 있다.

의 시 「제비」와 비슷하다. 「사향」의 첫 행 "공중(空中)에
나는 제비의 몸으로도"와 「제비」의 첫 행 "하눌로 나라다
니는 제비의 몸으로도"는 거의 똑같다.(도판 33)

소월의 대표작인 「못잊어」와 「제비」의 원형을 밝힐 수
있었다는 점 외에도, 안서의 편지들은 근대문학사와 관
련해 중요한 자료를 제공하고 있다.

## 만화일기 사십 년

송광용(宋光庸)은 1934년 강원도 영월에서 태어났다. 그
가 만화일기를 쓰기 시작한 것은 중학교 일학년 때인
1952년, 학생잡지 『학원』이 창간되던 해였다. 현실은 전
쟁통이었지만, 삭막한 와중에서도 산골 소년의 꿈은 피
어났다. 송광용은 친구에게 빌려 본 잡지 『학원』에서 김

용환(金龍煥)의 인기 연재물 「코주부 삼국지」와 김성환(金星煥)의 「빅토리 조절구」 「꺼꾸리군 장다리군」을 보고 흠뻑 빠지게 된다. 1956년 7월 3일 일기에는 '국부적' 만화가들의 모습을 그려 놓고, 고바우 김성환과 코주부 김용환은 우리나라에 없어서는 안 된다고 역설하고 있다.(도판 36)

그후 1992년 2월까지 그는 사십 년 동안 하루도 빠짐없이 일기를 썼다. 그의 꿈은 오직 만화가가 되는 것이었지만, 우리의 냉혹한 현실은 안타깝게도 그를 만화가의 길로 인도하지 못했다. 이 일기에는 한국 현대사를 살아온 한 평범한 남자의 꿈과 현실, 희망과 좌절이 그대로 담겨 있다. 우리는 이를 통해 우리 만화사에서 하마터면 묻혀 버리고 말았을, 한 불행한 만화가의 삶과 그의 예술세계를 만날 수 있다.

34-35. 송광용의 『옛날은 우습구나』(전4권, 영월책박물관, 2002).

송광용의 만화일기는 작가가 직접 갱지를 반으로 접어 A4 크기로 제본한 것으로, 표지에는 일련번호와 각 권의 제목을 붙이고 권마다 일일이 표지 그림을 그렸다. 원래는 모두 백서른한 권이었으나, 1990년 9월 11일 영월지역 홍수 때 서른 권이 물에 잠겨 현재는 백한 권만 남아 있다. 다른 만화작품의 원고도 상당수 있었으나, 이 역시 홍수 때 잃어버렸다고 한다.

2001년 3월, 나는 송광용 화백에게서 이 일기를 아무런 조건 없이 기증받았다. 이것들을 처음 본 순간 나는 숨이 멎는 듯한 충격을 받았다. 거기에서 그의 한을 보는 듯했기 때문이다. 그 동안 내 손을 거쳐 간 수많은 책들 중에는 물론 일기도 여러 권 있었다. 그 중에는 십 년 내지 이십 년치의 일기도 여럿 있었지만 그 내용은 대개 메모 수준이었다. 그러나 송광용의 만화일기는 달랐다.

36. '국부적' 만화가들의 모습을 그린 1956년 7월 3일자 일기.

37. 송광용의 만화일기 표지. 한국 현대사를 살아온 한 만화가의 삶과 예술세계가 고스란히 담겨 있다.

2002년 영월책박물관에서 열린「옛날은 우습구나―송광용 만화일기 40년」전은 송광용의 한풀이와도 같았다. 나는 전시에 맞춰 이 일기들을 모두 네 권의 책으로 출간했다. 기획에서 제작까지 꼬박 일 년이 걸렸다. 영월책박물관 대부분의 출판물이 그랬듯이 이 책도 북디자이너 정병규(鄭丙圭) 선생이 편집 디자인을 해주었다. 처음 정 선생은 한 열 권 정도로 만들어 보자고 제안했지만, 인쇄비며 제작비 관계로 네 권으로 줄일 수밖에 없었다. 가까스로 정 선생을 설득하긴 했지만, 일련의 작업들은 결코 만만한 일이 아니었다. 정디자인의 식구 일고여덟 명이 모두 참여하여 한 달 이상 걸렸다. 물론 이때의 모든 디자인도 정 선생이 자청하여 무료로 제작해 주었다.(도판 34-35) 지금 생각하면 그 네 권을 만든 것도 꿈만 같은 일이었다. 정 선생에게 진 마음의 빚이 두고두고 무겁다. 정 선생이 아니었다면 이 책의 출간은 꿈도 꿀 수 없었다.

이 책의 제목인 '옛날은 우습구나'는 킬리만자로의 고독한 분위기를 가진 한 남자의 초상화를 표지로 한, 송광용의 만화일기 제83호(1956년 7월 30일)의 제목에서 따왔다. 열병에 걸린 듯 만화에 빠진 송광용, 그에게 만화란 살아가는 이유 그 자체였으며 신앙이었다. 그러나 현실은 달랐다. 그의 일기를 보면, "세상에는 신도 하나님도 없다"거나 "아, 세상은 쓸쓸하였다"라는 식의 자조 섞인 어조를 자주 볼 수 있다. 이는 만화가가 되겠다는 꿈을 쉬 이루지 못한 좌절 때문이기도 했지만, 그가 몸담았던 우리 현대사의 풍경을 비춰낸 것이기도 했다. 신발이 떨어져 길을 걸을 때면 절벅절벅 흙탕물이 들어차는 가난, 군 제대 후의 상경, 그러나 '가난투성이' 나라에서 일어난 오일륙 쿠데타, 만화 대신 택해야 했던 직장에서의 실직 등, 그의 개인사는,「또 가려 하느냐」「이렇게 해서 살아가는 사람들」「돈 병」「가시밭 길」「서울과 또 나와 실직」 등의 제목에서도 알 수 있듯이, 시대에 부대끼고 이리저리 밀리고 치인 흔적들을 보여준다.(도판 37)

젊은 시절 송광용에게 만화는 답답한 현실에서 벗어나게 해주는 "오직 하나뿐인 희망"이었다. "햇필 세상 사람들이 비웃는 그런 희망을 나는 좋아한다"라고 일기(1956년 7월 11일)에 적은 송광용은, 만화를 공부하듯 일기에 집착했다. 그는 하루 일과 중 두서너 시간을 일기 쓰는 데 할애했고, 어떤 날에는 종일 만화 연습으로 일과를 채웠다. 그는 그 시절 만화가로 이름을 날린 김용환·김성환·신동헌·김경언·정한기·박기정·백인수 화백의 그림을 똑같이 그릴 만큼 훈련을 거듭했을 뿐 아니라, 월트 디즈니(Walt Disney)와 칙 영(Chic Young)이 그린 미국 만화의 이야기 구조 등을 스스로 연구하고자 했다.

미술대학을 나온 것도 아니고 누구의 가르침을 받은 것

도 아니었으나, 그는 오직 만화가가 되겠다는 일념뿐이었다. "아마 일기를 쓰지 않는다면, 이미 미쳐서 날뛰는 미치광이가 되었을지도 모른다"고 중학교 시절 일기에 적고 있으니, 그는 일찍이 만화일기를 통해서 세상을 보는 지혜를 터득했던 것 같다.

만화가로 등단하기 위해 육십 년대까지 학원사 등 출판사를 찾아다녔지만, 결과는 낭패였다. 만화일기를 보면 그의 좌절은 '나는 왜 만화가가 되지 못했는가'가 아니라 '만화는 나에게 무엇인가'라는 문제임을 알 수 있다. "현대사회를 적극적으로 살아가게 만들겠다"던 송광용의 만화 주인공 '곱구나'는 바로 그가 찾고자 했던 자신의 모습인지도 모른다.

군대 제대 후 암담한 사회생활 속에서도 그는 만화일기를 통해 끊임없이 자기 어법을 만들어 나갔다. 누구도 알아주지 않은 만화가, 아니 '만화가 지망생'이라는 굴레에서 벗어나 무한한 표현의 자유를 만화일기를 통해 발산했다. 그러다 나이 오십 이후에는 만화보다 일기라는 매체에 더 의지했다. 그 역시 현실에서 이루지 못한 만화가의 꿈을, "일기 쓰는 것만큼은 계속하면서 찾으려 한 것 같다"고 말한다. 그에게 만화가인가 만화가가 아닌가 하는 것은 처음에는 분명 중요한 문제였을 것이다. 일기를 모두 불태우려고 여러 차례 마음먹기도 했다고 한다. 그러나 송광용의 만화일기를 읽다 보면 이런 물음이 종국에 가서 그에게는 이미 아무런 의미도 없었음을 알 수 있다.

이 책이 출간되고 얼마 후인 2002년 10월 5일 그는 세상을 떠났다. 실은 내게 일기를 기증했을 때 그는 투병 중에 있었다. 병원에서는 이삼 개월을 넘기기 어렵다고 했다 한다. 그러나 그는 그후 일 년 반 정도를 더 살았다. 자신의 일기가 활자로 만들어진 것을 보고 그는 감격의 눈물을 흘렸다.

## 유리물고기

우리나라 사진의 역사는 한말의 서양 외교관과 선교사들로부터 시작되었다. 지금까지 알려진 다큐멘터리 사진들은 거의 이들이 남긴 것들이다. 그 중 대표적인 인물로는, 1883년 고종(高宗)의 초청으로 우리나라를 내한한 미국의 외교관이자 천문학자인 로웰(P. Lowell, 1855-1916)과, 1900년 내한한 미국의 여행가 홈스(B. Holmes, 1872-?), 1904년에 러일전쟁을 취재하러 왔던 영국 기자 매켄지(F. A. McKenzie, 1869-1931) 등이 있다.

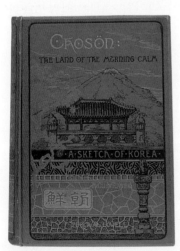

38. 로웰의 『조선: 고요한 아침의 나라』(보스톤, 1886).

로웰은 『조선: 고요한 아침의 나라(Chosŏn: the Land of the Morning Calm)』(보스톤, 1886)에서 고종과 왕궁의 모습 등 조선의 풍물을, 직접 촬영한 스물다섯 컷의 사진으로 소개하고 있다.(도판 38-39) 이 사진이 바로, 외국 책자에 실린 최초의 우리나라 관련 사진이 아닌가 싶다.

39. 『조선: 고요한 아침의 나라』에 실린 로웰의 사진.(위)
40. 『대한제국의 비극』(런던, 1908)에 실린 극동특파원 매켄지의 사진.(아래)

　　홈스는 『버튼 홈스 사진집(*The Burton Holmes Lectures*)』
(미시간, 1901)에서 백서른네 컷의 사진을 소개하고 있
다. 이 사진집은 간략한 여행기와 함께, 사진이라는 매체
를 동원해 당시 조선의 모습을 철저하게 기록으로 남겼
다. 매켄지는 『대한제국의 비극(*The Tragedy of Korea*)』(런
던, 1908)에서 '의병 사진' 등 모두 스물일곱 컷의 사진
을 보여주고 있다.(도판 40)

41. 우치다의 『조선어류지』(조선총독부, 1939).
한반도 어류의 서식 실태를 자세히 연구
조사하여 기록한 것이다.

나는 이들을 포함해, 한말을 전후하여 우리나라를 다녀간 외국인들이 남긴 사진들을 대하면서, 혹시 필름 원판이 어딘가에 남아 있지 않을까 하는 기대감을 갖곤 했다. 당시의 필름은 유리판 위에 감광유제(感光乳劑)를 도포(塗布)한 유리필름으로 만들어졌는데, 이를 유리건판 또는 유리원판이라 한다. 내가 소장하고 있는 유리건판으로는, 1906년 공주 영명학교를 세운 미국인 선교사 윌리엄스(F. E. C. Williams)가 소장하던 공주 영명학교 관련 유리건판 구십여 점과, 일제시대 어류학자 우치다 게이타로(內田惠太郎, 1896-1970)가 남긴 물고기 유리건판 천팔십여 점 등이 있다.(도판 42-43)

우치다의 물고기 유리건판은 그가 1927년부터 1942년까지 조선총독부 수산시험장에 근무할 당시 한국산 어류의 생활사 연구와 생태학적 조사를 주도하면서 남긴 성과물이다. 이때의 연구 조사를 바탕으로, 한반도 어류의 서식 실태를 자세히 기록한 『조선어류지(朝鮮魚類誌)』(조선총독부, 1939)를 펴내기도 했다.(도판 41) 우치다는 1942년 일본 규슈 대학 교수직으로 자리를 옮기게 되면서 유리건판을 포함한 자신의 연구자료와 표본, 문헌자료 등을 그대로 남겨 둔 채 한국을 떠났다. 언제라도 다시 한국에 돌아올 수 있다고 생각했던 것 같은데, 해방된 후에는 영영 한국을 다시 찾을 수 없었다. 그는 한국에 두고 온 유리건판을 포함한 연구자료들에 대한 그리움을 "육신의 일부가 찢어지는 고통을 느꼈다"[『치어(稚魚)를 찾아서』, 1964]라는 말로 표현했다.

이 연구에는 우리나라 최초의 어류학자인 정문기(鄭文基, 1898-1995)도 참여했는데, 사진 촬영은 주로 나카노 스스무(中野進)가 맡았다고 전한다. 정문기는 우치다보다 두 살 아래지만 동경제대 수산과 칠 년 후배로, 실제로는 그의 제자로서 조선총독부에 근무했던 유일무이한 조선인 수산 기사였다. 해방 후에는 부산 수산대학장 겸 농림부 수산국장을 지냈다. 저서로는 『한국어보(韓國魚譜)』(1954)와 『한국어도보(韓國魚圖譜)』(1977) 등이 있으며, 1977년 정약전(丁若銓)의 『자산어보(玆山魚譜)』를 번역 출간하기도 했다.

우치다의 유리건판 자료들은 원래 정문기가 소장하고 있던 것들로, 여기에는 다음과 같은 사연이 있다.

42-43. 우치다의 물고기 유리건판. 1927년부터 약 십오 년간 조선총독부 수산시험장에서 한국산 어류의 생활사 연구와 생태학적 조사 끝에 남긴 성과물로, 현재 필자가 천팔십여 점을 소장하고 있다.

44-45. 우치다의 도감용 그림 원고.
일부는 『조선어류지』 첫번째 권에 실렸던 원본이다.

십여 년 전 어느 날, 제법 늦은 시간에 서울의 한 고서점에 들렀다. 이 서점은 삼십 년 이상 다녔지만 쓸 만한 책 한 권 구한 적이 없던 곳이다. 그도 그럴 것이, 고서란 서점 주인의 안목에 비례해 좋은 책이 갖춰지기 마련인데, 고서에 대한 식견이 별로 없는 주인이 운영하는 서점에서 귀중본을 만나기란 거의 불가능한 일이었던 것이다.

여느 날처럼 그날도 서점 한편에 마대자루 여러 개가 있었다. 한데, 삐져나온 책들이 예사롭지 않아 보였다. 두어 권 살펴보니 눈이 번쩍 띌 만한 것들이었다. 보지도 않고 전부 사겠다고 하자 주인은 평소 모습과는 달리 안 팔겠다고 버텼다.

하여튼 쓸 만한 책을 수십 권 골라 값을 치렀다. 주인은 흡족했던지, 길가에 세워 둔 자신의 승용차로 나를 데려갔다. 뒷좌석과 트렁크에 여러 개의 박스가 있었는데 왠지 예사롭지 않아 보였다. 주인이 손바닥만 한 유리 조각 하나를 보여주었다. 유리건판이었다. 거리의 불빛에 물고기 모습이 희끗 비쳤다.

어떠한 사정인지는 알 수 없으나, 정문기 선생이 소장하고 있던 자료가 많이 쏟아져 나와 한동안 여기저기 흩

46. 정약전의 『자산어보』(필사본).
조선시대 유학자로서 해양 어류를 비롯하여
바다에서 서식하는 생물체를 직접 관찰
정리한 어류 연구서이다.

어져 돌아다녔다. 나는 지금까지도 이것들을 찾아다니며 계속 수집하는 중이다.

2004년에는 「유리물고기—1930년대 한국어류사진」전을 열었다. 이 전시에는 우리나라 담수어류·연근해 어류의 유리건판 사진과, 이 중에서 이름이 확인된 이백여 점의 물고기 사진을 소개했다.

우치다의 어류 사진 중에는 해부도를 재연한 사진, 발생·성장 사진, 부분·확대 사진도 있었다. 이러한 사진들은 어류형태학 연구에서 사진 활용의 가능성을 실험적으로 보여주었다. 유리건판 위에는 각 물고기의 이름과 채집 날짜, 장소, 크기 등이 기록되어 있다. 여기에는 감돌고기·꼬치동자개·묵납자루·열목어·황쏘가리·흰수마자 등의 천연기념물과 보호대상 어류 사진이 포함되어 있어, 사적(史的) 기록으로서의 학문적 가치는 물론 한국 사진사에서 매우 중요한 자료로 평가받아 마땅하다.

또 이들 자료 중에는 우치다가 관찰과 기록이라는 근대 과학자들의 기본적인 연구방식으로 어류들을 조사 정리한 자료도 포함되어 있다. 이는 우치다가 직접 그린 도감용 그림(도판 44-45)에, 사진기의 전사(前史)로 언급되던 카메라 루시다(camera lucida)를 사용한 것이다.

물론 이때 구입한 자료가 유리필름뿐만은 아니었다.
정약전의 『자산어보』 필사본(도판 46)을 비롯하여 수백
여 권의 물고기 관련 도서들도 포함되어 있었다.

## 비사벌초사(比斯伐艸舍)

1987년 3월, 어느 고서 경매전에서의 일이다. 『매창시집
(梅窓詩集)』이 출품됐다. 매창은 조선 중기의 여성 시인
으로, 시문과 거문고에 뛰어난 부안(扶安) 기생이다. 경
매전에 출품된 『매창시집』은 매창의 한시를 1957년에 시
인 신석정(辛夕汀)이 번역한 그 친필원고본이었다. 십육
절지의 갱지 육십여 장에 만년필로 썼는데, 출품자는 이
것이 신석정의 친필원고인지를 모르고 경매에 출품했다.

나는 이 『매창시집』을 보는 순간 부안의 명기(名妓)를
떠올렸다. 매창에 관한 신석정의 글을 어디선가 읽은 기
억이 떠올라, 혹시 신석정의 원고본일지도 모른다는 생
각이 불현듯 들었다. 아니나 다를까, 책을 펼치자마자 서
문 끝 부분에 "丁酉比斯伐艸舍에서 辛夕汀"이란 서명이 첫
눈에 들어왔다. 이 글씨는 흘림체로 씌어 있어 '신석정'
을 염두에 두지 않고는 그 판독이 결코 쉽지 않았다. 그래
서 출품자도 미처 알지 못했던 것이다. 경매 마감 시간이
임박해 입찰 신청을 하려고 하니 누군가가 먼저 신청을
해 놓았다. 경합이 되었지만, 나는 별로 걱정하지 않았
다. 경합 상대가 누구인지는 몰라도 신석정 원고를 알아
보기는 쉽지 않을 거라고 자만한 탓도 있다. 모든 경매가
그렇지만 경매에서 이등은 아무런 의미가 없다. 물건이

욕심나면 무조건 자신이 평가할 수 있는 최고가를 적어 내야 한다. 『매창시집』은 욕심을 내 볼 만한 책이라 소신껏 가격을 적어 냈다. 곧 신청이 마감되자 P선생의 커다란 외침이 들려왔다.

"오늘 신석정 원고본을 구했다!"

P선생은 고서 수집에 일가를 이룬 분으로, 특히 금석문(金石文) 감식안으로 높이 평가받고 있는 분이다. 나는 의아해 하면서도, P선생이 상당히 높은 가격을 써냈나 보다고 생각했다. 그런데 이게 어찌 된 일인가. P선생은 자신만의 단독 입찰인 줄 알고 경매 접수도 하지 않았다는 것이다. 경매장에 한바탕 폭소가 쏟아졌고, 이렇게 해서 나는 『매창시집』을 내정가 이만 원에 구입할 수 있었다. 그후 이 책은 S박물관으로 들어갔는데, 가격은 구입가의 수십 배로 뛰어 있었다. 고서의 세계에서는 이렇게 구입 가격의 수십 배 되는 가격으로 거래되는 경우도 종종 있다. 많은 사람의 이목이 집중되는 경매전에서도 눈이 밝으면 가끔 '땡잡는' 수가 생긴다.

서점 주인이 귀한 책인 줄 알면서도 싸게 팔았다면, 수집가는 응당 고마운 마음이 들 것이다. 그러나 주인이 그 가치를 제대로 몰라 싸게 팔았다면, 수집가는 고맙다는 마음을 갖기보다는 되레 그 주인을 얕잡아 보게 된다. 반대로 별로 가치 없는 책을 귀한 책인 줄 알고 비싸게 부르는 고서점 주인을 신뢰하지 않을 것은 뻔하다. 어찌 보면 고서점 주인은 프로이고 수집가는 아마추어라 생각할 수 있다. 그러나 고서 수집에는 프로도 아마추어도 없다.

## "책가게에서 처음 만난 그 인환이가"

한 십오 년쯤 됐을까. 호산방 손님 중에 젊은 화가 H씨가 있었다. 하루는 자신이 소장하고 있는 책 가운데 한 권을 들고 와 자랑했다. 1955년 10월 산호장(珊瑚莊)에서 발행된 박인환(朴寅煥)의 『선시집(選詩集)』이었다.(도판 47) 원래 그 책은 1955년 10월에 출간되어 서점에 배포되기 직전, 인쇄소 화재로 모두 불탔다. 그래서 이듬해인 1956년 1월에 다시 제작했는데, 이러한 사실을 아는 사람은 박인환 연구자나 몇몇 수집가 정도다.

박인환의 『선시집』은 1956년 1월에 다시 초판본이 출간되었으며, 표지는 호부장(糊付裝)으로 되어 있다. 호부장은 제본에서 옆을 매는 방식의 하나로, 속장을 철사로 매고 표지를 싼 다음 표지째 함께 마무리 재단을 하는 제본 방식이다.

그런데 H씨가 가지고 있는 『선시집』은 하드커버의 고급 양장이었다. 판권의 발행일자는 '1955년 10월'로, 바로 화재 직전에 출판된 오리지널 판본이었다. 물론 나 역시 그 판본은 처음 보았다. 흥미롭게도 그 책에는 저자가 시인 장호강(張虎崗)에게 증정한 친필 서명이 있었고, 그 옆에는 만화가 김의환(金義煥)이 직접 그린 박인환의 캐리커처가 있었다. 또한 면지와 속표지 그리고 뒤표지 면지 등에는 김광주(金光洲) 이진섭(李眞燮) 송지영(宋志英) 박거영(朴巨影) 차태진(車泰辰) 김광식(金光植) 조영암(趙靈巖) 등의 친필 메모와 함께 '1956년 1월 16일'에 썼다는 기록도 있었다. 또 같은 날짜의 『한국일보』 서평

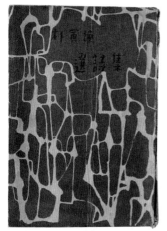

47. 박인환의 『선시집』(산호장, 1955).
오리지널 판본으로, 박인환이 그의
출판기념회 때 시인 장호강에게 기증한
것으로 추측된다.

이 스크랩되어 붙어 있었다. 이로 미루어 본다면 1월 16일 출판기념회가 있었고, 이 자리에서 지인들이 이 책에 친필 축하 메시지를 담았음을 알 수 있다.(도판 48-50)

어쨌든 박인환은 화재 직전에 이 책을 인쇄소로부터 직접 전해 받았고, 출판기념회 때 이 오리지널 판본을 장호강에게 기증한 것으로 보인다. 화재를 피한 오리지널 판본이 몇 권이 있었는지는 모르겠지만, 현재로서는 이 책이 유일본이 아닌가 싶다. 당시 출판기념회에 참석한 여러 문인들의 친필 메시지가 적혀 있다는 것은 그때 이미 특별한 의미를 부여받았음을 잘 말해 준다.

寅煥이 인환이가
冊가게에서 처음 만난 그 寅煥이가
十年을 하로같이
詩 속에서 詩를 찾으며 읊으며
용하게도 오늘까지 뻗혀왔다는게
진정 반갑구나.

소설가이자 당시 언론인이었던 송지영의 축하 메시지다. 이 메모에 등장하는 '책가게'란 박인환이 종로에서

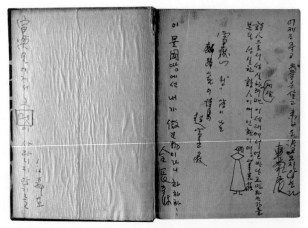

48. 『선시집』의 뒤표지 면지. 출판기념회에 참석한 문인들의 축하 메시지가 이채롭다.

경영하던 고서점 '마리서사(茉莉書肆)'를 말한다. 박인
환은 1945년 해방을 맞자 평양의학전문학교를 다니다 말
고 그 해 말 종로에 고서점 '마리서사'를 차렸다.

　마리서사란 이름은 프랑스의 화가이자 시인인 마리 로
랑생(Marie Laurencin)의 이름에서 따온 것이다. 마리 로
랑생은 19세기 프랑스 모더니즘의 선구자인 기욤 아폴리
네르(Guillaume Apollinaire)의 연인이기도 하며, 당시 몽
마르트의 젊은 예술가들에게 싱싱한 영감을 불러일으킨
화가였다. 아폴리네르는 로랑생을 만나고 많은 예술적
자극을 받아 시를 썼으며, 연인에게 바치는 시 「마리」를
남기기도 했다. 박인환이 아폴리네르와 로랑생을 통해
프랑스 문학과 그 예술적 삶을 지향했음은, 박인환 아내
의 회고나 김수영(金洙暎)의 글 등을 통해 확인할 수 있
다. 그후 마리서사는 한국 모더니즘 시 운동의 모태이자

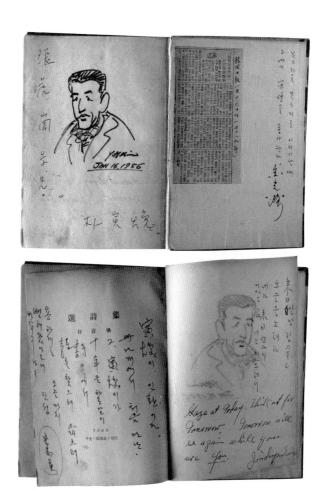

49. 『선시집』의 면지. 박인환의 캐리커처와 『한국일보』에서 스크랩한
기사가 보인다.(위)
50. 『선시집』의 속표지. 송지영의 축하 메시지가 적혀 있다.(아래)

문인들의 사랑방 역할을 했다. 송지영과 박인환은 이때
부터 아주 절친한 사이였다.

　박인환은 마리서사를 생활의 방편이라기보다 문학 교

류의 한 장(場)으로 여기면서 운영했던 것 같다. 그곳에 진열된 책 대부분은 그가 소장하고 있던 것들이었다. 앙드레 브르통, 폴 엘뤼아르, 마리 로랑생, 장 콕토와 같은 외국 현대시인들의 시집과 일본의 시 잡지들이 진열되어 있었다. 마리서사에는 시인이나 소설가, 화가들이 모여들지 않는 날이 단 하루도 없었다. 김수영은, 박인환이 마리서사를 운영하던 두 해 남짓 동안이 "박인환이 제일 기분 내던 때"였다고 회고하기도 했다.

이처럼 H씨가 소장한 『선시집』 오리지널 판본은 인간 박인환의 정취가 물씬 배어나는 책이다. 따라서 이런 내력을 갖고 있는 책이라면 누구든 욕심내기에 충분하다. 그러나 그날 나는 안복(眼福)을 누린 것으로 만족해야만 했다. 나는 이같은 귀한 고서를 소장하고 있는 사람들을 많이 알고 있지만 그렇다고 남의 귀한 장서를 내놓으라고 말한 적은 없다. 내가 욕심나는 책이라면 남도 귀하게 여기기는 마찬가질 텐데 어떻게 그것을 내놓으라고 할 수 있겠는가. 그래서 기껏 하는 소리가, "이다음 책을 처분할 의사가 있으면 내게 제일 먼저 알려 주시오" 하는 정도다.

그리고 이삼 년 후, H씨로부터 고서 일부를 정리하겠다는 연락이 왔다. 고서를 수집하다 보니 그림공부를 게을리 하게 된다는 것이 그 이유였다. 이때 삼사백 권의 문학서적을 입수할 수 있었는데, 여기에는 박인환의 『선시집』도 포함되어 있었다. 사실 그 책 한 권 때문에 삼사백 권의 책을 산 셈이라 말해도 틀림이 없겠다.

# 김삿갓 소동

## 소동의 시작

고서화를 보는 눈에는 터럭만큼의 착오도, 한 점의 용서도 있을 수 없다 해서 선인들은 '금강안혹리수(金剛眼酷吏手)'라는 말을 썼다. 즉 '금강야차(金剛夜叉) 같은 눈매와 혹독한 관리의 솜씨'가 있어야 한다는 뜻이다. 이러한 안목이란 고서화의 진위를 가리는 정도에 그치지 않고, 그 작품 하나하나가 예술로서 얼마만큼 높은 가치를 지니고 있느냐 하는 점을 판단하는 능력까지 포함한다. 즉 고서화를 감식해내고 그 참맛을 느끼려면 과연 어느 정도의 수준을 갖추어야 하는지를 잘 보여주는 말이다. 이것은 다시 말해 고서화의 진위를 가려내는 일은 그것을 감상하기 위한 기본 과정에 지나지 않는다는 얘기다. 그만큼 가장 기초적인 일이라는 뜻이기도 하다.

대부분의 고서 수집가나 연구자들이 고서 수집에서 가장 난감해 하는 경우는 간찰이나 필사본을 대할 때일 게다. 여기에는 물론 내용도 중요하겠지만 누군가의 친필이냐 아니냐의 문제가 항상 뒤따르기 때문이다. 또 이에 따라 그 가치가 결정되기도 한다.

글씨의 진위를 알아내는 방법에 딱히 비법이 따로 있는 것은 아니다. 개인적인 차이가 있겠지만, 많은 글씨를 접해 보고 나름대로 연구하는 길밖에는 다른 방법이 없을 듯싶다. 다만 연구 방법에도 요령은 있게 마련인데, 다음에 이어질 김삿갓 가짜 글씨 사례는 고서를 감정하는 요령에 관한 좋은 본보기일 것이다.

역사적으로 또는 문화적으로 커다란 업적을 남긴 선인들의 시편(詩片) 하나, 간찰 하나에서 우리는 역사와 문화를 본다. 또 이들의 친필을 통해 마치 선인을 직접 마주하는 듯한 마음을 갖기도 한다. 설령 그 글씨가 예술적 경지를 썩 갖추고 있지 못하더라도 마찬가지다. 누구누구의 친필이라는 사실만으로도 흠모의 정을 느끼기에 충분하기 때문이다. 우리는 이러한 역사적 기록을 박물관에서 주로 접하게 되는데, 박물관은 인간사회의 문화를 기억하기 위한 장치의 하나로, 학문적 계몽은 물론 사회적 계몽을 위한 곳이다.

2003년 10월 11일 영월군에서는 조선 말기의 방랑시인 김병연(金炳淵, 1807-1863)의 시세계를 기리고자 영월군 하동면 와석리 노루목에 난고문학관(蘭皐文學館)을 세웠다. 이곳은 김병연의 생가 터와 묘가 있다고 전해지는 곳이다.

난고문학관 개관식에 참석하고자, 영월읍 내에서 『강원도민일보』 방기준 기자를 만나 함께 길을 나섰다. 고씨동굴을 지나 옥동에 들어서자 가을 들판이 펼쳐진다. 왼편으로 옥동천을 따라 병풍처럼 늘어선 절벽은 이곳을 지날 때마다 감흥이 새롭다. 옥동은 고려시대에는 밀주(密州)의 청사가 있었던 곳으로, 그 당시 죄인들을 가두던 '옥(獄)'이 있던 마을이라 해서 '옥동(獄洞)'이라 했는데 어감이 좋지 않다 해서 '옥동(玉洞)'으로 바꿨다 한다. 절벽의 가을 단풍도 좋지만 겨울의 설경도 그만이고 사시사철 자연의 변화가 뚜렷하고 아름다운 곳이다.

옥동을 지나면 곧 고지기재가 나온다. 재를 넘어 이삼 분 달리면 폐교된 와석분교가 있다. 와석분교를 오른쪽으로 끼고 산길로 접어들면 든돌 · 싸리골 · 노루목으로 이어지는 약 오륙 킬로미터에 달하는 아름다운 계곡이 펼쳐진다. 내가 박물관 터를 잡기 위해 영월을 찾아다니던 십오륙 년 전만 해도 이곳은 사람의 발길이 거의 닿지 않은 숨겨진 비경이었다. 이때만 해도 소달구지 하나 겨우 지날 수 있는 그런 산길이었다. 난고문학관은 이 계곡 끝자락에 위치해 있는데, 영월군에서는 이 일대를 '김삿갓 계곡'이라 이름 짓고 관광지로 개발한 것이다.

문학관 광장에서 개관식을 마치고, 건물이 좀 비좁다는 생각을 하면서 이층으로 올라갔다. 전시실에는 '김삿갓 친필 글씨'라는 설명과 함께 모두 넉 점의 글씨가 전시되어 있었다.

순간 나도 모르게 가벼운 신음이 나왔다. 가슴이 뛰고 두 주먹이 불끈 쥐어졌다. 얼굴이 일그러졌다. 쥐똥을 씹은 기분이었다. 동행한 방 기자에게 어딘가 마땅찮다는 사실을 알렸다. 사진도 찍었다. 그리고 당분간 비밀로 하자고 했다. 다음날 영월군 문화관광과 C과장에게 전화를 걸어, 김삿갓 글씨에 대한 나의 의견을 조심스레 말했다.

"내 눈에는 글씨 넉 점 모두 어딘가 이상해 보이니 다시 한번 확인해 보는 게 좋을 것 같습니다."

C과장으로부터, 전문가에게 의뢰해 고증을 거친 작품이기 때문에 절대로 그럴 일이 없을 거라는 답이 돌아왔다. 나는 그래도 한 번 더 확인해 보라고 재차 충고했다. 그러나 반응은 냉담했다. 허튼소리 말라는 투였다. 그날 이후에도 그러기를 서너 차례 반복했다.

나는 다시 L계장에게 전화를 걸었다. 그는 난고문학관 설립 계획에서부터 개관까지 모든 사업의 실무 담당자였다. 그러나 그의 대답 역시 C과장과 마찬가지였다.

나는 그날부터 이에 관한 글을 준비해 그 해 겨울『고서연구』제21호(2003년 12월)에「난고문학관 김병연 친필 관련 자료의 진위에 관하여」란 논문을 발표했다. 물론 원고를 송고하기 전에 마지막으로 C과장에게 전화를 했다. 그러나 그의 태도에는 아무런 변화가 없었다.

## 「선생부지하(先生不知何)」 시문

김병연은 조선 후기의 방랑시인 김삿갓(金笠)의 본명으로, 순조 7년(1807)에 경기도 양주의 안동(安東) 김씨 집안에서 태어났다. 자는 성심(性深), 호는 난고(蘭皐)이고, 입(笠) 또는 삿갓은 속명이다. 홍경래난 때 선천부사(宣川府使)로 있다가 반군에 항복한 김익순(金益淳)의 손자로, 난이 진압되자 익순은 사형을 당하고 일가는 멸족했다. 이때 병연의 나이 여섯 살로, 형 병하(炳河)와 함께 황해도 곡산(谷山)으로 도망가서 숨어 살게 되었다. 그 뒤 익순의 죄가 멸족에서 폐족으로 사면되자 형제는 아버지 안근(安根)이 살고 있는 양주로 돌아간다. 그러나 불과 일 년 만에 아버지는 화병으로 죽고 어머니 함평(咸平) 이씨 슬하에서 자라게 된다. 이후 어머니는 강원도 영월로 옮겨 집안 내력을 숨기고 살았다.

스무 살 때에 장수(長水) 황씨와 결혼하여 장남 익규(翼圭)를 낳았다. 그후 집안 내력을 알고는 스물두 살 되던 해에 노모와 처자식을 남겨 두고 방랑길에 나섰다. 사년 만에 귀향하여 일 년 남짓 머물 때 둘째아들 익균(翼均)을 낳았다. 또다시 집을 떠나 방랑생활을 하다가 철종 14년(1863)에 쉰일곱 살을 일기로 전라도 동복(同福)에서 생을 마친 것으로 알려져 있다.

난고문학관에 소장되어 있는 소위 '김삿갓 친필'은 「선생부지하(先生不知何)」 시문과 「금강산(金剛山)」 시문, 「내우혜서(內友惠書)」 간찰, 「반휴서가(半虧書架)」 시문 등 모두 넉 점이다.

먼저 「선생부지하」 시문을 살펴보자. 난고문학관 설명문에는 "이 친필 시는 이서면 장항리(노루목)가 고향인 서예가 우창 정근호 선생이 조부님의 유품을 정리하던 중 발견된 것으로 95년 5월 21일 케이비에스〈진품명품〉 프로에서 김삿갓의 친필임이 확인되었다. 이로써 김삿갓이 유랑하다 생을 마감한 곳이 화순 동복 구암리였음을 뒷받침할 귀중한 자료가 된다"고 씌어 있다.

우선 이 시문의 말미에는 "1850년에 난고 김병연이 동복여소에서 쓴 시묵(試墨)이다(道光三十年蘭皐金炳淵書于同福旅所試墨也)"라는 기록이 있는데, 이 기록을 통해 볼 때 이를 김병연의 친필로 단정짓기에는 다소 무리가 있어 보이는 두 가지 문제를 지적하지 않을 수 없다.

하나는, 과연 김병연이 자신의 이름을 직접 기록으로 남겼겠느냐 하는 점이다. 김병연은 세상을 등지고 평생 방랑생활을 한 사람이다. 자신의 신분과 집안 내력을 숨기고 살면서, 이처럼 '난고 김병연'이라고 호와 이름을 자랑스레 밝힌다는 것은 그의 행적으로 미루어 볼 때 어딘가 어색하다.

둘은, '도광(道光)'이란 청나라 연호를 썼다는 점이다. 물론 이것은 조선사회에서 통용되던 연호로, 관변문서(官邊文書)나 족보의 서문, 발문, 또는 행장(行狀), 비문(碑文) 등 예와 격식을 갖춘 기록문에서 그 사용한 예를 얼마든지 볼 수 있다. 그러나 평생 방랑생활을 하면서 사회의 부조리를 글로써 비판하던 김병연이 굳이 중국의 '도광' 연호를 썼을까 하는 의문이 든다.

다음으로 「선생부지하」 글씨의 호불호(好不好)에 대해 결론부터 말한다면, 이 글씨는 김병연이 쓴 것만큼 결코 잘 쓴 글씨가 아니다. 사실 나는 아직 김병연의 필적을 한 번도 보지 못했다. 혹자는 한 번도 보지 못한 사람의 글씨가 얼마만큼 잘 쓴 글씨인 줄을 어떻게 알겠는가 반문할 수도 있다. 그러나 이것을 알아보는 것은 별로 어려운 일이 아니다. 글씨의 좋고 나쁨을 볼 수 있는 안목만 있으면 되기 때문이다.

호불호란 글씨의 잘 쓰고 못 쓴 정도를 이르는 말이다. 그렇다면 어떤 글씨가 잘 쓴 글씨이고 어떤 글씨가 잘 못 쓴 글씨일까. 이것은 말로써는 표현하기가 매우 어려운 문제다. 이를 분별해내는 심미안은 사람마다 천차만별이기 때문이다. 우리는 보통 자신의 심미안이 어느 정도인 줄도 모르면서 그저 '좋다' '나쁘다'를 말하고 있을 뿐이다. 우리가 가짜 글씨에 속아 넘어가는 것은, 결코 잘 쓴 글씨가 아님에도 불구하고 잘 쓴 글씨라고 생각하기 때문이다. 즉 호불호를 볼 수 있는 심미안이 부족하기 때문인 것이다.

신석우(申錫愚)는 『해장집(海藏集)』의 「기김대립사(記金䈂笠事)」에서 김병연의 글씨에 관해, "매일 글 읽는 소리가 낭랑히 그치지 않고 제자백가의 글을 베끼는 붓을 쉬지 않았다. 필법이 또한 고아하고 깨끗하여 참 좋았다"고 전하고 있다. 신석우는 한때 김병연과 깊은 교우관계를 가졌고, 훗날 한성부판윤과 예조판서를 지냈으며, 문장과 글씨에 뛰어난 인물이었다. 신석우가 쓴 글의 내용은 신뢰하기에 충분하며, 그의 글씨를 보는 안목 또한 뛰어났을 것이다. 따라서 그가 김병연의 글씨를 "고아하고 깨끗하여 참 좋았다"고 평한 대목에서 김병연의 글씨가 뛰어났음을 충분히 느낄 수 있다. 물론 그 품격이라는 것을 계량해 보일 수는 없지만 어느 수준 이상의 글씨임에는 틀림없다. 난고문학관의 「선생부지하」 글씨는 이 수준에는 어림도 없었다. 그러나 이 글씨는 보는 사람에 따라서는 잘 쓴 것이라 볼 수도 있다. 누구의 글씨를 흉내내고자 하여 쓴 것이 아니라 자신의 필체로 자유롭게 썼기 때문이다.

가짜 글씨를 만드는 방법에는 크게 두 가지가 있다.

첫째는 모본(母本)을 모사(模寫)하는 방법이다. 이는 다시 두 가지로 나뉘는데, 하나는 모본을 참고로 하여 모사하는 방법이고, 또 하나는 모본을 유리판 사이에 놓은 뒤 그 위에 종이를 얹고 유리판 밑에서 형광등 불빛을 비추어 그대로 복사하듯이 모사하는 방법이다. 이 두 방법은 이미 알려진 유명인의 글씨 위작에 많이 쓰이는 수법이다. 그러나 이 경우에는 모두 비벽(鄙僻)과 갈필(渴筆)이 나타나지 않는다. 비벽이란 글을 쓸 때 자신만이 갖고 있는 독특한 습관으로, 일종의 갈겨 쓰는 버릇을 말한다. 또 갈필이란 붓에 먹물을 많이 묻히지 않고 글씨를 쓰는 것을 말하는데, 이것은 달필(達筆)이나 속필(速筆)에서 자연스럽게 나타난다. 그러나 모사한 글씨에서는 비벽과 갈필이 나타나지 않는데, 그 이유는 글씨의 꼴을 흉내내는 데 급급하다 보니 속도감이 떨어질 수밖에 없기 때문이다.

둘째는 모본 없이 글씨를 쓰는 것인데, 이 방법은 모본을 사용하지 않고 자신의 필체대로 글씨를 쓰기 때문에 매우 자연스러워 보일 수 있다. 김병연의 경우처럼 친필이 존재하지 않아 모본으로 삼을 만한 자료가 없을 때 많이 쓰이는 수법이다. 때문에 어떤 필체로 쓴들 그 인물의 필체라고 알아볼 수 있는 사람이 없다. 이렇게 만들어진 가짜 글씨는 구별해내기가 여간 어려운 게 아니다. 그러나 가짜 글씨에는 앞에서 말한 비벽과 갈필이 나타나지 않는다.

「선생부지하」 글씨에서는 비벽과 갈필이 나타나 있지

않다. 필력이 떨어지기 때문이다. 가짜 글씨를 가장 쉽게 판별해낼 수 있는 부분이 바로 이 비벽과 갈필이다. 물론 이것은 육안으로도 알아볼 수 있으나, 이를 더욱 쉽게 판별하는 방법은 형광등 불빛이나 햇빛에 비춰 보는 것이다. 그러면 그 자국이 선명하게 드러난다. 이때 필력이 있는 글씨는 먹 자국이 거칢이 없이 자연스러운 데 반해, 필력이 떨어지는 글씨, 즉 가짜 글씨는 속도감이 없고 필치가 부자연스럽다. 또 더러는 개칠(改漆)한 흔적이 역력히 나타나기도 한다.

「선생부지하」 같은 시문이나 간찰은 봉투에 넣어 상대에게 전달하는 것이 관례이다. 물론 처음에는 봉투에 넣어져 있었겠지만 오랜 시간이 지나면서 봉투는 분실되고 안의 내용물만 남아 있는 일도 흔하다.

「선생부지하」의 경우에는 봉투는 없고, 접혔던 부분이 군데군데 떨어져 나간 등 손상된 흔적이 있다. 이런 문서는 보통 왼쪽에서 오른쪽으로 차례대로 접힌 채 보관되기 때문에, 외부의 여건에 의해 종이가 손상을 입었다면 그 부위가 접혔던 겉 부분이 더 크게 마련이다. 다시 말해 종이를 펼쳤을 때, 겹쳐서 접었던 부위가 규칙적으로 손상되어 있는 것이다.

그러나 위의 시문은 접혔던 곳의 손상 부위가 규칙적이지 않았다. 이것은 오랜 시간이 지나면서 자연스럽게 손상된 것으로는 볼 수 없는 상황이다.

한편 「선생부지하」 시문은 배접이 되어 있다. 배접이란 글씨를 쓴 종이나 천 뒷면에 다른 종이나 비단 따위를

51-52. 난고문학관에 전시된 「선생부지하」 시문(위)과 「금강산」 시문(아래).

겹쳐 붙이는 것을 말한다. 원래 이것은 표구의 한 과정으로, 작품의 보관 측면에서 보면 굳이 나쁘다고는 말할 수 없다. 그러나 감정하는 데 많은 영향을 미치기도 한다. 종이의 상태가 좋지 않아서 배접을 할 수도 있지만, 배접을 하면 그만큼 진위 감정에는 어려움을 주는 것이 사실이다. 이는 위작에서 흔히 볼 수 있는 수법 중 하나다.

「선생부지하」 시문의 내용을 살펴보면, 도연명(陶淵明)의 「오류선생전(五柳先生傳)」의 일부와 김병연의 시로 알려진 두 편의 시가 실려 있다. 그러나 김병연이 자신의 시문을 언제 어디서 썼다는 것을 밝힐 정도로 예를 갖추고 도연명의 시를 함께 적어 놓은 것은 어딘가 어색하다.

또 이 세 편의 시를 구분하지 않고 연결하여 쓴 것도 그렇다. 강원대 한문교육과 남윤수(南潤秀) 교수는 "내용 면에서 볼 때 이 작품을 김삿갓의 작품으로 보기에는 무리가 있다"고 평했다.

설령 「선생부지하」가 누군가의 친필이라 하더라도 이것을 김병연의 친필이라고 단정지을 수 없는 문제가 또 있다. 이 글씨가 김병연의 친필이라 입증하기 위해서는 그의 또 다른 필적과의 대조 작업이 이루어져야 한다. 그러나 세간에 떠도는 김병연의 필적이란 하나같이 근거 없는 것뿐이므로 대조 작업조차 불가능하다.

### 「금강산(金剛山)」 시문

「금강산」 시문의 경우, 난고문학관의 설명문에는 "1850년(1851년의 잘못—저자) 화순 동복에서 금강산 시회(詩會)의 일부를 써 놓은 친필"이라고 씌어 있다. 시문의 말미에는 "道光三十一年金炳淵書于於也同福"이라고 기록되어 있다.

이 내용에는 두 가지 문제점이 있다.

우선, "金炳淵書于於也同福"은 "김병연이 동복에서 쓰다"라는 뜻으로 쓴 문구로, 어법상 맞지 않는다. 여기서 '於也' 두 자가 빠져야 제대로 된 문장이 되는데, 과연 김병연이 이런 실수를 범했을까 하는 의문이 든다. 이에 대해서는 강원대학교 남윤수 교수에게 자문을 구했다.

다음으로, 이 글은 도광 31년에 쓴 것으로 되어 있는데 도광 연호는 30년(1850)까지 사용되었다고 한다. 즉 '도광 31년'은 존재하지도 않았고 사용되지도 않았다. 혹시 김병연이 실수나 착각으로 '도광 31년'이라 썼다고 하기에는 설득력이 약하다. 난고문학관 설명문에 '도광 31년'을 '도광 30년'에 해당하는 '1850년'이라고 표기한 것은 혹시 이를 염두에 둔 궁색한 변명인지도 모르겠다.

「금강산」 시문은 김병연의 시 「금강산」의 일부로, 노승 (老僧)의 시에 답한다는 「답승금강산시(答僧金剛山詩)」의 대구시(對句詩)이다. 시인 정공채(鄭孔采)의 『오늘은 어찌하랴―김삿갓 시의 인생』에는 이 화답시가 모두 열네 번 오갔는데, 난고문학관의 「금강산」에는 다섯 번의 화답이 실려 있다. 알려진 대구시와 비교하면 순서가 뒤바뀌고 많은 부분 생략되었으며, 특히 셋째 연에서는 노승과 김병연의 화답이 서로 바뀌었다. 주인과 객이 뒤바뀐 꼴이 된 것이다. 이것을 어떻게 설명할 것인가.

「선생부지하」와 「금강산」 시문이 난고문학관의 설명처럼 모두 김병연의 친필이라면, 우선 이 두 글씨가 같은 사람의 필체임을 판명해야 한다. 필체를 대조하는 데는 예리한 감식안도 필요하지만, 어느 정도 객관적인 여건도 갖추어져야 한다. 예를 들어 십대에 쓴 글씨와 오륙십대에 쓴 글씨를 대조해 보면 같은 사람의 글씨라 하더라도 그것을 알아보기가 쉽지 않다. 또 해서(楷書)로 쓴 글씨와 초서(草書)로 쓴 글씨는 대조가 거의 불가능하다. 다행히 「선생부지하」와 「금강산」 시문은 1850년과 1851년에 쓴 것으로 되어 있어 시차가 거의 없고, 서체도 행서(行書)에 가까워 대조하기가 용이한 편이다.

글씨를 대조하기 위해서 「선생부지하」와 「금강산」 시문에서 같은 글자를 찾아보았다. 「선생부지하」의 끝에서 두번째 행과, 「금강산」의 첫 행과 마지막 행의 '金' 자를 보자. 첫 획과 두번째 획을 보면, 「선생부지하」에서는 첫 획이 두번째 획 위에 있고 「금강산」에서는 두 자 모두 첫 획이 두번째 획 아래에 있다.

다음으로 「선생부지하」의 끝에서 두번째 행과 「금강산」 끝 행의 '書' 자를 보자. 「선생부지하」에서는 정자(正字)인 반면에 「금강산」에서는 약자(略字)로 되어 있다.

이처럼 '金' 자와 '書' 자를 비교해 보면 「선생부지하」와 「금강산」이 서로 분명한 차이를 보인다는 것을 알 수 있다. 그 외 '道光' '三十' '年' '炳淵' '同福' '山' 등의 겹치는 글자를 살펴보면 「선생부지하」의 글씨는 전체적으로 왼쪽으로 쏠리는 경향을 보이고, 「금강산」의 글씨는 오른쪽으로 쏠리고 있다.(도판 51-52)

이렇게 「선생부지하」와 「금강산」 글씨를 비교하여 검토해 본 결과 이를 같은 사람의 글씨로 보기에는 문제가 있는 것으로 나타났다.

### 「내우혜서(內友惠書)」 간찰과 「반휴서가(半虧書架)」 시문

먼저 「내우혜서」 간찰을 살펴보자.(도판 53) 난고문학관의 설명문에는 "김병연이 강릉 김 석사(碩士)에게 보낸 편지로, 1857년 3월 19일에 쓴 편지다(영인)"라고 쓰여 있다.

이 간찰에는 '김병연(金炳淵)'이란 이름이 쓰어 있는

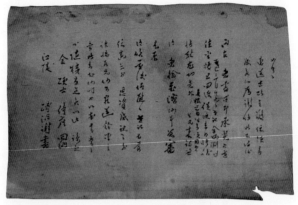

53. 난고문학관에 전시된 「내우혜서」 간찰. 옛 종이를 사용해 영인한 것이다.

데, 이 사실 하나만 가지고 난고 김병연의 간찰이라고 주
장함은 억측에 불과하다. '병연(炳淵)'이란 이름자는 아
주 희귀한 이름이 아니다. 따라서 난고 김병연이 살던 시
대에 '김병연'이란 이름을 가진 동명이인이 얼마든지 있
을 수 있는 것이다.

이 글씨를 난고 김병연의 간찰로 단정짓기 위해서는 글
의 내용에서 이 글이 난고 김병연이 쓴 것임을 입증할 수
있어야만 한다. 아니면 적어도 편지를 받은 사람과 난고
의 친분관계를 입증해야만 한다. 그러나 이 간찰의 내용
은 일상적인 안부를 전하는 것으로, 편지를 쓴 이가 난고
김병연임을 입증할 만한 내용은 아무것도 찾아볼 수가
없다. 또 김 석사와 김병연의 친분관계를 증명할 만한 아
무런 근거도 없다. 그렇다면 설령 이것이 난고 김병연의
친필 편지라 하더라도 현재로서는 그것을 입증할 방법이
없다. 실제로 '김병연'이라는 이름이 적힌 간찰은 적지

않게 발견되기도 하며, 김씨 집안의 족보를 뒤지다 보면 '병연'이라는 이름은 쉽게 찾을 수 있다. 이들은 모두 편지 끝 부분에 '김병연'이라고 쓸 수 있는 사람들이다.

이 글씨는 난고문학관의 설명문대로 영인본이 틀림없다. 영인본이란 책이나 글씨 따위를 사진으로 찍어서 인쇄한 것을 이른다. 영인본을 인쇄하기 위해서는 당연히 종이가 필요한데, 「내우혜서」의 경우에는 옛 종이를 사용했다. 물론 이것은 아무 문제 될 것이 없다. 도리어 옛 종이를 영인에 사용함으로써 사실감을 높이려 한 것은 바람직한 일이다. 그리고 이것은 고서를 전시할 때 일반적으로 사용하는 방법이기도 하다. 그런데 이 영인에 사용한 종이에서 매우 흥미로운 사실을 발견했다. 이 사실은 다음에 설명할 「반휴서가」가 최근에 만들어진 글씨일 수밖에 없는 결정적인 단서를 제공한다.

다음으로 「반휴서가」 시문(도판 54)에 대한 난고문학관의 설명문에는 "1840년 후반에 동복면 구암리 창원 정씨 서재를 소재로 쓴 시"라고 설명돼 있다. 이는 전남 동복의 향토사학자 M씨의 「김삿갓 초분지(初墳地)에 대한 고찰(考察)」(1999)에 근거하고 있는 듯하다. 이 논문은 제1회 전라남도 향토문화연구논문 공모전에서 입상한 논문이다.

M씨는 이 논문에서 「반휴서가」를 김병연의 친필이라 전제하고, "1840년 후반에 동복면 구암리 창원 정씨 서재를 소재로 쓴 시"라고 결론 내리고 있다. 그러나 그는 중요한 사실을 하나 놓치고 있다. 「반휴서가」의 내용을 논

하기 이전에,「반휴서가」의 글씨가 김병연의 친필임을 먼저 증명해 보였어야만 했다. 따라서 만약「반휴서가」가 김삿갓의 친필이 아니라면 그의 주장은 허구가 될 수밖에 없다.

강원대 남윤수 교수는「반휴서가」시에 대해 "운자(韻字)도 맞지 않으며, 마지막 결구(結句)는 당나라 시인 두보(杜甫)의 시「강촌(江村)」의 일부를 적고 있는데, 이는 시도 아니다"라고 평하고 있다. 여기에 글씨 또한 치졸하여 한눈에 거슬리는 작품이다.

이러한 지적 이외에도「반휴서가」가 김병연의 친필이 될 수 없는 결정적인 단서가 있다. 나는 앞서「내우혜서」의 설명에서, 영인에 사용된 종이에서 매우 흥미로운 사실을 발견했다고 말한 바 있다. 그것은「내우혜서」와「반휴서가」의 종이가 같은 지질의 종이로 확인되었기 때문이다. 이는「반휴서가」가 최근에 쓴 글씨라는 것을 의미한다. 다시 말해「반휴서가」가 옛날에 쓰어진 글씨라면 그 종이가 「내우혜서」영인에 사용된 것과 같을 수가 없다.

「내우혜서」와「반휴서가」의 종이를 같은 종이로 보는 이유는, 첫째 이 두 종이가 같은 제지소(製紙所)에서 만들어졌고, 둘째 원래 같은 공책에 묶여 있던 종이로 밝혀졌기 때문이다. 위의 두 종이가 같은 제지소에서 만들어졌다는 사실은 발초자리로 알 수 있다.

발초자리란, 종이를 뜰 때 대나무 발을 사용하는데 이때 밭고 성긴 정도가 줄 모양으로 나타나는 무늬 즉 종이의 결을 말한다. "이 발초자리의 모양은 제지 작업 여건에 따라 매번 달라지기 때문에, 같은 작업 조건에서 만들어진 종이는 모두 같은 모양을 하고 있다." 경기도 무형문화재 한지(韓紙) 장인 장용훈(張容熏) 선생의 설명이다. 즉, 「반휴서가」와 「내우혜서」의 종이에서 이 발초자리의 무늬가 같은 것으로 확인된 것이다.

또, 이 두 종이가 원래 같은 공책에 묶여 있던 것이라는 사실은 먼저 「반휴서가」의 종이를 자세히 살펴보면 알 수 있다. 이 종이에는 오른쪽 약 일 센티미터 정도 세로로 접혔던 흔적이 길게 나 있다. 또 거기에는 약 팔 센티미터 간격으로 뚫린 네 개의 송곳 구멍 흔적이 있다. 종이의 윗부분은 원래 모습 그대로이고 아랫부분은 찢긴 흔적이 있어, 원래는 이보다 조금 컸던 것으로 짐작된다.

위에서도 말했듯이 이 종이는 공책에서 뜯어낸 종이이다. 이렇게 볼 수 있는 까닭은, 구멍 네 개의 흔적은 한적을 꿰맸던 실 자국이 분명하기 때문이다. 그렇다면 잘려나간 아랫부분에 구멍 하나를 더해 원래는 구멍이 다섯 개였을 것이다. 이것은 앞에서도 언급했듯이, 우리나라 한적은 주로 다섯 바늘로 꿰매는 오침안정법으로 묶기 때문이다. 따라서 이 종이의 원래 크기는 세로 약 삼십오 센티미터, 가로 약 이십이 센티미터 정도로 추정할 수 있다. 그러나 이 수치는 난고문학관 진열장에 전시된 자료를 눈대중으로 측정한 것이기 때문에 다소 차이가 날 수도 있다.

난고문학관 이층 전시실에는 「내우혜서」와 「반휴서

半醉書架數卷冊
世去俗傳一個硯
墨春沉醉心自閑
微軀此外何所求
性亭書同龍

54. 난고문학관에 전시된 「반휴서가」 시문.
영월군 측에서는 친필이라 주장했지만 「내우혜서」와
종이가 같다는 의혹을 제기하자 친필의 복사본이라고
주장을 번복했다.

가」 글씨가 나란히 진열되어
있다. 이제 이 두 종이가 같은
종이라는 결정적인 사실을 증
명해 보일 차례다. 「반휴서가」
오른편에 전시된 「내우혜서」
글씨를 시계방향으로 구십 도
돌려 보면 두 종이에 나타난 얼
룩 자국을 더 실감나게 확인할
수 있다. 둘 다 마치 어린애가
요에 오줌을 싸 놓은 듯이 얼룩
져 있다. 이것은 고서를 보관하
는 과정에서 물이나 빗물 따위
가 스며들어 얼룩진 것으로, 이
얼룩의 모양은 같은 책에 묶여 있던 종이라면 닮은 모양
으로 나타나게 되어 있다. 「내우혜서」와 「반휴서가」의 두
종이가 희한하게도 닮은 얼룩 자국을 하고 있다.

다시 정리해 보면, 공책에 묶여 있던 빈 종이에 누군가
가 최근에 「반휴서가」를 쓰고, 다른 종이 한 장을 「내우
혜서」 영인본에 사용한 것이다. 그렇게 되면 「반휴서가」
가 김병연의 친필이 될 수 없다는 명확한 결론에 이른다.

## 끝나지 않은 소동

지금까지 난고문학관 소장 김병연 친필 관련 자료 넉 점
의 진위에 관해 살펴보았다. 이들 중 「선생부지하」 「금강
산」 「반휴서가」는 김병연의 친필이 아닌, 최근에 만들어

진 가짜 글씨로 결론 내릴 수 있다. 또 김병연의 친필 간찰 영인본이라 하는 「내우혜서」는 '난고 김병연'이 아닌 '김병연'과 동명이인의 글씨를 영인한 것으로 보아야 한다.

세간에는 김병연의 친필이라고 소문난 글씨가 종종 나돌기도 한다. 그럼에도 불구하고, 나는 과문한 탓인지 그의 친필이라고 생각되는 필적을 아직 한번도 만나 보지 못했다. 그렇게 많은 시를 지었으면서도 그의 친필이 아직까지 한 점도 발견되지 않은 것은 무슨 까닭일까. 이 까닭은 평생 방랑생활로 생을 마감한 김병연의 생애에서 찾아야 할 것이다. 어쩌면 김병연의 친필은 영원히 밝혀지지 않을는지도 모른다. 설령 그의 친필이 세상에 존재한다 하더라도 앞에서 설명한 객관적인 요소를 모두 증명해 보이지 않고는 그의 친필로 인정받지 못할 것이다. 그만큼 자료의 고증은 냉정해야 한다.

지금까지의 사실을 통해, 모든 역사 연구는 정확한 기록과 자료에 의해서만 이루어져야 한다는 것을 다시 한번 실감했다. 이처럼, 역사란 기록이다. 또 기록은 역사가 된다. 그러나 그릇된 기록이 그릇된 역사를 만드는 것은 경계해야 한다.

이러한 내용의 논문을 발표하자, 2003년 12월 17일자 『강원도민일보』 사설에는 '난고문학관의 가짜 김삿갓 친필'이란 제목으로 다음과 같은 기사가 실렸다.

방랑시인 김삿갓이 묻혀 있는 영월에 어렵사리 문을 연

난고문학관의 그의 친필 녁 점이 '가짜' 라는 주장이 제기
돼 마음을 아프게 하고 있다. '가짜' 를 주장한 이가 한국
고서 연구의 권위자이고, 사석도 아니고『고서연구』에
논문을 게재하면서 밝힌 것이니까 이를 영월군 관계자의
말처럼 '모두 철저한 고증을 거친 진품' 이라며 가볍게 일
축하긴 어렵다. 난고문학관 측이 일부러 '가짜' 를 '진짜'
라고 이제껏 속이지는 않았을 것으로 보인다. 그렇다면
문학관 측, 즉 영월군이 친필 녁 점을 사들이는 과정에 문
제가 있었을 것이다. 누가 위작을 진품인 것처럼 속였거
나, 가짜를 진짜로 잘못 알고 영월군에 '납품' 하는 실수
또는 고의가 있었을 것이다. 그 경위를 밝혀내 잘못됐으
면 시인하는 것이 지금 이 불을 끄는 최선책이다.

'가짜' 를 제기한 이는 "김병연(김삿갓)의 위작 글씨가
버젓이 난고문학관에 전시되어 있는 것은 그에 대한 모
독이며 우리 문화의 수치"라고 폭로 배경을 밝혔다. 그의
말처럼 '가짜' 가 사실이라면, 지역문화를 발굴하고 계승
발전시켜 보려던 지역 역량이 비웃음당한 꼴이다. 그보
다, 지역주민들이 누려 보려던 지방문화 향수 그리고 지
역의 문화정서에 대한 문화사기꾼들의 폭력이다. 어떻게
만든 난고문학관인지, 그리고 들어간 수십억 원이 누구
의 돈인지를 생각하지 않으면 안 된다. 더구나 난고문학
관의 명예가 곤두박질하는 것은 물론 김삿갓의 고장답게
적어도 그의 친필 몇 점을 갖추어 놓았다고 자랑하던 지
역주민의 긍지가 먹칠당하는 이 지경을 아주 심각하게
생각하지 않으면 안 된다.

문제의 작품을 문학관이 소장하기까지 나름대로 고증과 조언을 받는 과정이 있었다는 사실도 밝혀졌다. 그 과정에서 있었던 누구의 안목이나 전문성을 비방하거나 원소장자의 컬렉션을 폄하하려는 것은 아니다. 또한 '가짜'를 주장한 이가 인용한 문헌자료나 그의 안목에 대해 무조건 동의하자는 것도 아니다. 다만 "대원군과 추사를 조심하라"는 말이 명언이 되다시피 하고 있는 고문서·고미술품 시장의 흑막에, 전문성이라고는 없는 지자체가 덜컥 걸려든 건 아닌가 하는 우려 때문이다. 추사의 글씨 오십 퍼센트가 위작이라는 말이 공공연한 마당에 김삿갓 글씨라고 진품만 돌아다닐 리는 없다. 난고문학관의 '친필'이 그 시장에 떠도는 '가짜'라는 것이 이번 논란의 핵심이다. 그러니까 문제의 친필 입수 경위를 밝히라는 것이다. 그렇게 하는 것이 지역의 문화실추를 회복하는 것이다. 한편으로는 까막눈일 수밖에 없는 지방의 박물관과 미술관들을 봉으로 삼고 있는 고문서·고미술품 거래 관행에 경종의 계기이기 때문이다.

그후 영월군에서는 이렇다 할 입장이나 대책은커녕 아무런 반응도 보이지 않다가, 사태가 진정될 기미가 안 보이자 2004년 2월 5일 '난고 김삿갓 친필 관련 진위 여부에 대한 답변'을 영월군 홈페이지 등에 내놓았다. 이 사태가 알려지고 오십여 일 만에 영월군의 공식입장이 처음이자 마지막으로 밝혀진 것이다.

여기에서 영월군은 "현재 전시된 김삿갓 친필은 총 네

종인데 원본이 두 종, 이미 공개되었지만 원본이 분실되거나 소장자를 알지 못하는 복사본과 영인본이 각 한 종 있다"고 말했다. 즉 "「선생부지하」와 「금강산」은 친필이고, 「내우혜서」는 영인본, 「반휴서가」는 복사본이다"라는 것이다. 이는 "「선생부지하」와 「금강산」「반휴서가」 등 세 종은 친필이고, 「내우혜서」 한 종은 영인본이다"라고 했던 종전의 주장과 다른 말이다.

영월군은 「선생부지하」 시문에 대해, "정근호 선생 조부의 유품으로, 이미 케이비에스 〈진품명품〉 프로에서 진품으로 판정된 작품"이라는 사실을 내세워 친필임을 주장하고 있다. 그러나 〈진품명품〉은 어디까지나 텔레비전 쇼일 뿐이다. 2003년 9월 24일 『동아일보』 사회면에 '케이비에스 〈진품명품〉 칠억 도자기는 가짜' 란 제목 하에 "케이비에스 〈티브이쇼 진품명품〉이 최근 역대 최고인 칠억 원의 감정가를 매겼던 도자기가 뒤늦게 가짜로 판명났다"는 기사가 실렸다. 이것은 〈진품명품〉이라는 방송 프로그램을 전적으로 신뢰할 수만은 없다는 사실을 단적으로 보여준 사례다.

또한 영월군은 「내우혜서」와 「반휴서가」의 종이가 같은 종이라는 지적에 대해, "「내우혜서」는 영인본이고 「반휴서가」는 복사본"이라며, 「반휴서가」에 대해서는 종전의 친필이라는 주장에서 복사본이라고 번복했다. 그러나 난고문학관 설명문에는 개관 당시부터 친필이라고 소개되어 있으며, 또 영월군은 처음부터 이것을 친필이라고 언론에 발표했었다. 그러던 영월군이 이제 와서 복사본이라고 번복하여 발표한 이유는 뻔하다.

이 두 글씨를 진본이라 증명하기 위해서는, 두 곳에 사용된 종이가 서로 다른 종이여야 하기 때문이다. 따라서 이 두 글씨의 종이가 같은 종이라면 적어도 둘 중의 하나, 또는 그 이상이 가짜가 될 수밖에 없다.

영월군에서는 뒤늦게 「반휴서가」가 친필이 될 수 없다는 사실을 깨닫고, 당초의 친필 주장을 복사본이라고 번복했다. 그러나 「반휴서가」는 영월군에서 처음 말한 대로 친필임에 틀림없다. 다만 난고 김병연이 아닌, 다른 누군가가 근래에 쓴 '친필'인 것이다.

고서화를 포함한 고미술품의 가짜 소동은 어제오늘 일이 아니다. 그것을 만드는 수법도 다양해져 전문가들도 속아 넘어가는 경우가 얼마든지 있다.

국보 274호였던 '거북선 별황자총통(別黃字銃筒)'. 1992년 8월, 해군은 경남 통영 한산도 앞바다에서 거북선 총통을 발굴해내는 개가를 올렸다. 사흘 만에 국보로 지정된 이 총통은 그러나 1996년 6월 가짜로 밝혀졌다. 진급에 눈이 먼 한 해군대령이 골동품상과 짜고 가짜를 만들어 바다에 빠뜨린 뒤 건져낸 것이다.

2003년 10월에는 국립중앙박물관의 「조선 성리학의 세계」전에 출품될 예정이던 율곡 이이와 다산 정약용의 유묵(遺墨)이 가짜로 판명된 일이 있었다. 또 「2005 서울 서예비엔날레」의 출품작 일부가 위작 논란에 휘말려 서울역사박물관 전시장에서 철거되는 일이 발생하기도 했다. 이러한 위작들은 각종 전시회에 출품되어, 별 탈 없이 전시가 끝나면 자연스럽게 진품으로 행세하게 된다.

　이처럼 국가 차원의 문화행정에서도 실수를 범하는데, 영월군의 행정력과 문화적 안목으로는 김삿갓 가짜 글씨를 알아내기란 애초부터 쉬운 일이 아니었다. 설령 실수가 있다 해도 고치면 되는 것이다. 그러나 난고문학관에는 문제의 가짜 글씨 넉 점이 아직까지 그대로 진열되어 있다.

책의 길을 걸으며

# 호산방(壺山房)

## 최초의 서점 회동서관(匯東書館)

조선시대에 서점은 서사(書肆)·책사(冊肆)라 불렸고, 개화기와 일제강점기에는 서포(書舖)·책포(冊舖)·서점(書店)이라고도 불렸다. 해방 이후 서점이라 통용되기 시작하면서 현재까지도 그렇게 불리고 있는 책방(冊房)은, 조선시대에는 지방관아의 기구였으며, 특히 세종 때는 궁중의 인쇄를 맡아보던 출판기관의 명칭이었다.

우리나라 최초의 서점은 1908년 고유상(高裕相)이 설립한 회동서관(匯東書館)이다. 회동서관은 1897년에 세워진 고제홍서사(高濟弘書肆)에 그 뿌리를 두고 있는데, 이해조(李海朝)가 번역한 『화성돈전(華盛頓傳)』을 비롯해 한용운(韓龍雲)의 『님의 침묵』 이광수(李光洙)의 『단종애사(端宗哀史)』 등 이백여 종이 넘는 책을 출판하면서 1950년대 중반까지 우리 근대 출판문화를 이끌어 온 주역이다.(도판 55-56) 회동서관은 출판사와 서점을 겸했을 뿐만 아니라 문방구류의 물품도 판매했다. 우리나라 초창기 고서점의 역사를 자세히는 알 수 없지만, 제1부에서 언급한 쿠랑의 기록으로 미루어 회동서관 같은 서점에서 고서도 함께 판매한 것으로 보인다.

아무튼 오늘날의 고서점은 고서를 사고파는 곳이다. 따라서 일반 서점과는 그 구조가 근본적으로 다르다. 우선 서점을 찾는 고객들은 대개 연구자나 고서 수집가들

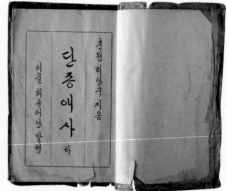

55-56. 이광수의 『단종애사』 (회동서관, 1929). 이후 박문서관 · 삼중당에서 출간되었다.

로, 특정 분야의 전문가들이다. 고객의 수에서도 많은 차이가 난다. 또 고서점을 운영하려면 고서에 관해 어느 정도 지식을 갖고 있어야 한다.

유럽에는 백여 년의 역사를 가지고 있는 고서점이 수두룩하다. 고서점 주인 중에는 박사학위를 가진 학자나 서지학 관련의 저서를 낸 사람도 많다. 그러다 보니 고서점에 대한 사회적인 인식도 특별하다. 이들 서점들 중에는 여러 방면의 고서를 두루 다루는 곳도 있지만, 문학 · 역사 등 한 방면을 전문적으로 취급하는 전문서점들이 대부분이다. 때문에 서점 주인은 그 분야의 전문가가 돼야한다. 서점 경영도 고객 중심이다. 잘 만들어진 도서목록은 학술자료로도 아무런 손색이 없다.

이에 반해 우리나라 고서점의 운영 방식은 대부분 주먹구구식이다. 동화책에서부터 한적까지 두루 취급하는 백화점식이다. 또 대부분의 고서점이 헌책방 수준을 벗어나지 못하고 있다. 그러다 보니 도서목록을 제작하는 것은 엄두도 내지 못할 뿐 아니라 필요성조차도 느끼지 못한다. 대부분의 서점 주인에게서는, 고서를 취급한다는 자긍심도 거의 찾아볼 수 없다.

## 에누리 없는 고서점

나는 도자기에 관심이 많아 십대 때는 도예가가 되기로 마음먹었었다. 한때 도예학원을 운영하는 등 이십대 시절의 모든 정열을 도자기에 바쳤지만, 아무런 성과를 이룰 수가 없었다. 그래도 도자기에 대한 미련을 버릴 수 없어 서른이 다 되도록 방황만 했다.

그 시절 내게 유일한 낙은 국립중앙박물관과 국립중앙도서관 그리고 서울의 여러 고서점을 드나드는 일이었다. 덕분에 나는 도자기뿐만 아니라 고미술 전반에 대한 안목을 넓힐 수 있었다. 고서도 마찬가지였다.

그러던 어느 날 내가 할 수 있는 일이 무엇일까 곰곰 생각해 봤다. 아무리 생각해 봐도 고서와 고미술품에 관한 약간의 지식, 이것밖에는 아무것도 가진 것이 없었다. 그래서 생각한 것이 고서점이다. 궁리 끝에 독립문 근처에 작은 사무실을 얻었다. 보증금 없이 월세만 주고 책상 하나만 달랑 있는 사무실이었다. 전화도 월세로 빌렸다. 지금은 전화가 흔하지만, 그때만 해도 백색전화니 청색전화니 해서 전화 놓기도 어려웠고, 가설비도 무척 비싼 시절이었다. 그리고 몇 달 후 장안평 고미술상가에 고서점 호산방(壺山房)을 열었다. 이때가 1983년, 내 나이 서른

한 살 때였다.

호산방이라고 이름을 붙인 데는 다음과 같은 사연이 있다. 조선 말기 서화가 중에 우봉(又峰) 조희룡(趙熙龍)이 있다. 그는 추사 김정희의 문인으로 호를 호산(壺山)이라고도 했다. 나는 일찍이 그의 서화에 매료되어 그를 흠모하고 있었다. 그러다 도자기에 깊이 빠져들면서, 장차 도자기 가마를 갖게 되면 당호를 호산방으로 지어야겠다고 마음먹었다. '호(壺)' 자는 항아리를 뜻하니 도자기 가마의 이름으로는 썩 어울릴 듯했다. 결국 도자기 가마가 아니라 고서점을 차리게 됐지만 고서점하고도 잘 어울릴 것 같아 그대로 쓰기로 했다.

막상 가게를 차렸으나 고서화 몇 점에 약간의 책이 전부였다. 다행히 그 동안 모아 둔 고서가 커다란 힘이 되었다. 한 권을 팔아 두 권을 사고, 두 권을 팔아 다시 네 권을 사는 식으로 사업을 꾸려 나갔다. 처음에는 아주 힘들고 어려웠지만 몇 년 지나지 않아 눈에 띄게 안정되어 갔다. 그 동안 작은 아파트도 하나 장만하고 세 들어 있던 가게도 인수할 수 있었다. 내가 주로 관심을 가진 분야는 필사본과 간찰, 개화기와 일제강점기 때의 역사와 문학 관련 양장본이었다.

1992년, 장안평 호산방을 광화문으로 옮겼다. 교보문고 건너편 광화문 우체국 옆 한일빌딩 아케이드, 지금은 센트럴빌딩으로 이름이 바뀐 건물이다. 호산방이 보다 발전하려면 시내 중심가로 옮겨야 한다는 것이 평소의 생각이었다. 그러나 당시 주위에서는 다들 광화문으로 옮긴 것을 의아해 하는 눈치였다. 광화문과 고서점은 아무래도 어울리지 않는다고 생각한 것이다. 그러나 그런 우려와는 달리 광화문 호산방은 유명세를 타고 사업이 나날이 번창해 갔다.

호산방이 점점 안정되어 가면서 고서에 대한 나의 애정과 관심도 훨씬 깊어졌다. 취급하는 고서의 수준도 월등히 차이 났다. 단순히 취미로 고서를 수집할 때는 기껏해야 해방 이전의 문학서적 정도에만 관심을 두고 있었지만 호산방을 시작하고서는 사정이 달라졌다. 고활자본의 감식은 물론 간찰과 필사본의 내용, 더 나아가 누구의 친필인가를 가려내야만 했다. 그러나 이것을 알아내기란 여간 어려운 일이 아니다. 그래서 마음을 다잡고 한적과 간찰에 대해 공부하기 시작했다. 공부래야 가르쳐 주는 선생이 있는 것도 아니고 혼자서 이 책 저 책 뒤적이며 끙끙거릴 수밖에 없었다. 그리고 얼마 후 필사본과 간찰의 매력에 흠뻑 빠져 들게 되었다. 결국 이러한 노력이 호산방 운영에도 많은 도움을 주었다. 그러면서 한편으로는 신문·호외·육필원고·포스터·광고지·음반·영화 필름 따위의 비도서 자료에도 관심을 갖게 되었다. 이들 중 일부 자료는 책박물관 설립을 목적으로 호산방 사업과는 무관하게 수집한 것이기도 하다.

우리말에 '에누리 없는 장사가 어디 있나' 란 말이 있다. 이 말은 고서점에 딱 어울리는 말인 듯싶다. 고서점 주인은 깎아 줄 것을 미리 염두에 두고 가격을 부르고, 수집가는 무조건 반으로 뚝 잘라 깎고 본다. 그래야만 직성이 풀리나 보다. 사실 고서점에서의 에누리는 어제오늘 일이 아니다. 그러나 나는 생리적으로 이러한 흥정을 싫어해서 길거리나 시장에서 물건을 살 때는 불안하기 그지없다. 남들만큼 흥정에 자신이 없기 때문이다. 특히 단골 고서점에서라면 더욱 그렇다.

이런 성격 탓인지는 몰라도, 나는 호산방을 운영하면서 처음부터 정찰제를 실시하기로 마음먹었다. 그러나 이러한 방법이 과연 손님들한테 먹혀들까 걱정이 되기도 했다.

처음 호산방을 열고 얼마 되지 않아 한 손님이 들렀다. 한참 동안 책을 살피더니 십여 권의 책을 골라 놓는다.

"이거 다 얼마요?"

"책 뒤에 가격표가 붙어 있습니다."

책 가격을 본 손님의 표정과 말투가 곱지 않다. "얼마면 되겠네" 한다. 내가 정색을 하고, "우리 서점은 정찰제입니다"라고 말했더니, 골라 놓은 책들을 휙 내팽개치듯 하고는 돌아갔다. A선생이었다. 고서 수집가로는 꽤나 알려진 분이었다. 그러나 그 이후로 그에 대한 나의 감정이 좋을 리가 없었다. 그는 호산방에 몇 차례 더 들르고서야 정가대로 책을 사 갔다. 그때의 표정이 마치 땡감을 씹은 듯했다. 그후로도 그는 나의 원칙을 무너뜨리려고 여러 차례 시도했으나 나는 뜻을 굽히지 않았다. 지금은 고인이 되었지만, 이렇듯 A선생과 나는 처음부터 끝까지 껄끄러운 사이였다.

나는 책을 팔 때는 분명 고서점 주인이지만 다른 고서

점에서 책을 살 때는 손님이 된다. 이때 가격이 맞지 않는 다고 생각되면 그대로 물러서곤 했다. 그 책과는 인연이 없는 것으로 생각하고 미련을 버리는 것이다. 물론 비싸다는 말도 절대 하지 않는다. 고서의 가치는 상대적인 것인데 어떻게 내 기준으로 남의 물건을 싸다 비싸다 할 수 있겠는가. 다만 내가 생각하는 가치와 차이가 날 뿐인 것이다.

고서점이란 겉모습으로는 매우 고상하고 문화적으로 보이는 곳이다. 그래서 사람들은 여기에 어설픈 의상을 입히고 그 의미를 확대해석하려 한다. 그러나 고서 매매 행위 자체에는 아무런 문화적 의미도 없다.

고서를 팔고 사는 것은 말 그대로 비즈니스다. 그런 비즈니스에 군이 문화적 의미를 갖다 붙이는 것은 아마추어의 어설픔일 뿐이다. 나는 당당한 프로를 지향한다. 억지로 의미를 끌어다 붙이기보다는, 고서 매매 행위 자체가 하나의 문화가 될 수 있도록 노력할 뿐이다.

지금까지 대다수 고서점에서의 고서 매매 행태는 비문화적이라고 말할 수밖에 없다. 아무렇게나 쌓여 있는 책더미에서 손님이 몇 권을 주섬주섬 골라 주인 앞에 내놓으면 적당히 흥정하여 팔고 사는 것이 우리 고서점의 일반적인 풍경이다. 그러다 보니 같은 책이라도 이 손님에게 부르는 값과 저 손님에게 부르는 값이 다른 경우도 생긴다. 이 얼마나 비합리적이고 비도덕적인 상행위인가. 이래 가지고는 결코 고서점의 위상과 신뢰를 높일 수 없다.

나는 정찰제만이 공정성을 회복하는 길이라고 굳게 믿었다. 또 판매가격을 공개함으로써, 고서자료의 원활한 순환이라는 측면에도 큰 기여를 할 수 있다고 생각했다. 판매가격의 공개는 매입가격의 암시로도 해석될 수 있기 때문에, 매물이 나올 수 있도록 통로를 열어 주는 역할을 할 수 있다고 믿었다. 사실 고서점은 좋은 고서를 얼마나 확보하느냐가 가장 중요하다. 말하자면, 개인 수장가들의 서재에 숨어 있는 자료들을 끌어내 그것을 순환시켜야 고서점도 살고 연구자들에게도 도움이 되는 것이다. 판매가격의 공개는 그런 의미에서 매물을 이끌어내는 힘이 되기도 한다는 것이 나의 생각이다.

## 희귀성 · 효용성 · 시장성

'엿장수 마음대로'란 말이 있다. 엿장수가 엿을 늘이듯 무슨 일을 제 마음대로 이랬다저랬다 하는 것을 못마땅한 투로 이르는 것으로, 고서점 주인에게 딱 어울리는 말이 아닐까 싶다. 그렇다면 고서 가격은 고서점 주인 마음대로란 말인가. 사실 그렇다. 고서점 주인에게는 자기 마음대로 고서 가격을 정할 수 있는 특권이 있다.

그러다 보니 수요자인 수집가가 납득할 수 없는 가격을 제시하는 경우도 종종 있다. 이처럼 사려는 사람과 팔려는 사람의 평가기준에 많은 차이가 있다면 거래가 이루어질 수 없다. 고서점 주인이 아무리 합당하다고 생각해 제시한 값이라도 그 책을 사려는 사람이 나타나지 않는다면 거래는 이루어지지 않는다. 이처럼 거래가 쉽게 이루어지지 않는 고서가 있다면 사람들은 그 책의 가격이 비싸기 때문이라고 생각한다. 그러나 언젠가 그 책이 누군가에게 팔린다면 그 순간 이것은 합당한 가격이 되는 것이다. 결국 고서는 사고파는 값이 정가다.

호산방에서는 고서의 가격을 정할 때 몇 가지 요인을 종합적으로 검토하여 책정한다. 그 요인이란 그 책이 갖고 있는 희귀성·효용성·시장성 등이다.

우선, 희귀성이란 자료의 희귀한 정도를 말하는데 이것은 순전히 주관적일 수밖에 없다.

한 이십 년 전의 일이다. 하루는 어떤 고서점 주인이 내게 아주 귀한 책을 보여주겠다며 책 한 권을 내밀었다.

"이십 년 넘게 고서점을 했지만, 이런 책은 처음 봅니다."

주인의 이런 말도 귀에 들어오지 않았다. 나는 책에 눈길도 주지 않은 채 얼마냐고 물었다. 순간 주인은 조금 난감해 하는 눈치다. 내가 가격을 너무 성급하게 물은 것이다. 그는 내가 이 책의 내용을 자세히 살펴보면 분명 관심을 보일 것이라는 확신에 차 있었다. 그런데 내가 책을 펼쳐 보지도 않고 대뜸 가격부터 물었으니 맥이 빠진 것이다.

주인은 조금 멈칫하더니, 아주 귀한 책이라 ○○원은 받아야겠다고 한다. 내가 즉시 사겠다고 하자 주인은 도리어 얼떨떨한 표정으로, 이 책을 아느냐고 물었다. 나는 대답 대신 그냥 웃어 보이기만 했다.

서점 주인이 내놓은 책은 1898년 영국에서 발행된 비숍(I. B. Bishop, 1831-1904)의 『조선과 그 이웃 나라들(*Korea and Her Neighbours*)』이었다. 비숍은 영국의 여성 작가로, 1894년부터 1897년 사이에 조선을 네 차례나 여행했다. 남장을 하고 나귀를 타고 다니며 여행할 정도로 조선에 대한 호기심과 애정을 갖고 있었다. 이 책은 그때의 여행기로, 당시 전 세계인의 주목을 받았던 베스트셀러다. 지금은 많이 알려지고 번역본도 나왔지만, 이십여 년 전만 해도 우리나라에서는 거의 볼 수 없었던 매우 귀한 책이었다. 그때 나는 이미 이 책을 몇 권 소장하고 있었기에 그 가치를 누구보다도 잘 알고 있었다. 그러니 책을 보지 않고도 살 수 있었던 것이다.

이 책은 모두 두 권으로 되어 있는데, 장정이 매우 인상적이다. 푸른색 천 바탕에 영문 제목과 저자명을 금박으로 처리하고, 붉은색과 검정색의 태극문양을 압인했으며, 그 옆에 다시 붉은색 네모 바탕에 '朝鮮'이란 한자 제목을 금박으로 디자인했다. 그런데 한자 제목인 '朝鮮'의 '鮮' 자가 '鱻'으로 뒤집혀 인쇄되었다. 이는 아마 외국인이 편집하는 과정에서 한자를 잘 몰라 글씨가 뒤집힌 것으로 보아야 할 것이다. 만약 그렇지 않고 디자인 차원에서 일부러 뒤집어 놓았다면 이는 대단한 안목이라 할 수 있다.(도판 66-67 참조)

나는 고서를 살 때 여태껏 내 입으로 깎아 달라고 말해 본 적이 없다. 그렇다고 흥정을 하지 않은 것은 아니다. 실은 눈에 보이지 않는 흥정을 하고 있었다. 나는 평소 서점 주인에게 가격만 적당하다면 한 푼도 깎지 않고 책을

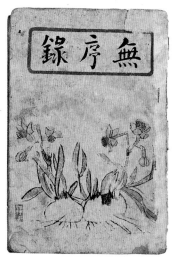

살 터이니 꼭 받을 가격만 말하라는 암시를 주어 왔다. 그래서 조금 비싼 듯해도 두말 않고 사기도 한다. 가격이 터무니없이 비싸다고 생각되면 사지 않으면 그만이다. 그렇게 몇 번 반복하면 주인은 긴장하게 마련이다. 설령 눈앞의 책은 포기한다 해도 다음 것들에 대한 흥정을 미리부터 해 놓는 식이다. 이보다 더 효과적인 흥정이 어디 있겠는가.

내가 주인에게 설명할 틈을 주지 않고, 또 책을 살펴보지도 않고 사겠다고 한 것은 주인과의 기 싸움이다. 조금 비싸게 사는 것도 기 싸움에서 이기는 한 방편이고, 이것이 결국은 싸게 사는 길이다. 위의 예에서처럼 고서의 희귀한 정도가 가격을 결정하는 데 기본이 되는 것은 사실이다. 그러나 이것도 어디까지나 서점 주인의 관점에 따라 달라질 수밖에 없다.

다음으로 효용성이란 책의 활용성을 고려한 것으로, 고서를 통해 얻을 수 있는 부가가치를 말한다. 이러한 가치 또한 책에 따라, 이용자에 따라 달라질 수밖에 없다. 경우에 따라서는 정가의 수배 내지 수백 배의 부가가치를 만들어낼 수도 있다. 이에 대한 평가의 일부도 결국은 고서 가격에 포함되어야 마땅하다.

지금은 고인이 된, 수필가 박연구(朴演求) 선생이 호산
방에서 이태준(李泰俊)의『무서록(無序錄)』을 사 간 적이
있다.(도판 57) 그는 이때의 사연을『책과 인생』창간호
(1992년 3월)에「쌀 한 가마니 값과 맞바꾼 수필의 정수」
라는 글로 발표했다. 그는 이 수필에서, 수필의 정수로서
김용준(金瑢俊)의『근원수필(近園隨筆)』과 더불어 쌍벽
을 이루는『무서록』을, 망설임 끝에 쌀 한 가마니 값으로
구입한 가난한 문사(文士)의 호사를 고백했다.

　박 선생이 처음부터 이런 수필을 쓸 생각에『무서록』을
사 간 것은 아닐 것이다. 책을 가까이 두다 보니까 글의
소재로 사용하게 된 것이다. 그후『무서록』은 범우사에
서 문고본으로 출판되기도 했다. 선생이 원고료나 인세
를 얼마나 받았는지는 모르겠지만, 잘하면 이 책값보다
훨씬 더 받았을지도 모른다. 안 받았으면 또 어떠한가.
고서란 이렇게 활용하는 것이다.

　한편 박 선생이 고백한 대로, 가난한 문사의 처지에서
이 책의 당시 가격 십만 원은 분명 비싸다는 생각이 들었
을 것이다. 그럼 만약 이 책의 가격이 이삼만 원 정도였다
면 어떻게 되었을까. 그랬다면 이 책이 박 선생에게까지
차례가 갔을까. 아마 박 선생과 만나기 전에 벌써 다른 사
람에게 팔려 갔을 것이다. 그래서 고서는 적당히 비싼 것
이 좋을 수도 있다. 꼭 필요한 사람을 기다려 줄 수 있기
때문이다.

　끝으로 시장성이란 수집가의 선호도에 따른 시장논리
를 말함이다. 어떤 특정 분야의 책을 찾는 수집가가 많으

면 자연 그 분야의 책값은 오르게 마련이다. 또는 앞으로 누가 이 책을 찾을 것을 예측하여 기다리는 경우도 있다. 이 기간은 짧게는 일이 년, 길게는 일이십 년이 될 수도 있다.

물론 이 외에도 고서 가격을 결정하는 데는 여러 가지 요인이 있을 수 있다. 남들에게는 하찮아 보이는 책이라도 애타게 찾아 헤매는 사람이 얼마든지 있을 수 있다. 고서점 주인이 이것을 예견하고 준비해 놓았다면 수집가는 그에게 고마워해야 할 것이다. 그러나 수집가가 이것을 모두 알아차리기는 결코 쉬운 일이 아니다. 설령 알아차린다 한들 주인의 손에 들어간 이상 어쩔 도리가 없다. 그래서 고서 가격은 고서점 주인 마음대로다.

## 도서목록에서 인터넷까지

나는 1988년 1월부터 『호산방도서목록』을 발행하기 시작했다. 이것은 이를테면 판매가격을 문서화하여 공개한 것이다. 나는 그 첫 호에서, "고서의 공정한 평가를 꾀함은 물론, 고서가격을 공개 전시하여 고서의 유통을 활성화하고 학자 및 수집가의 편의를 도모하기 위해" 도서목록을 간행하게 됐음을 밝혔다. 이 목록은 멀리 보아서는 훌륭한 학문적 자료가 될 수 있고, 가까이는 호산방의 판촉활동이기도 했다.(도판 58)

도서목록에는 보통 도서명 · 저자 · 출판사 · 출판연도 · 가격과 함께 간략한 서지사항 등의 정보가 수록된다. 물론 이 모든 사항은, 내가 고서를 직접 확인하면서

58. 『호산방도서목록』(제16호, 1995년 3월).

작업하기 때문에 어떤 도서목록보다도 정확한 정보를 보장한다. 따라서 그 자체만으로도 연구자와 고객에 대한 훌륭한 서비스가 되기에 충분하다. 이와 함께 『호산방도서목록』을 전산으로 정리했다. 여기에는 언제 누구한테 얼마에 구입하여 어디로 판매되었다는 정보가 모두 수록되었다.

이러한 운영 방식은 당시로서는 혁명과도 같았다. 정찰제를 실시하면서 도서목록이 발행되자 일부 수집가와 고서점 주인들로부터 빈축을 사기도 했다. 어떤 수집가는 고서의 정보가 공개되는 것을 꺼리는 눈치였고, 특히 흥정의 여지가 없는 것을 못마땅하게 생각하기도 했다. 일부 고서점 주인들은 호산방의 고서 가격을 터무니없이 비싼 것으로 소문내기도 했다. 그러나 한편으로 『호산방도서목록』은 이들 모두에게 매우 실질적인 도움이 되기도 했다. 수집가들은 자신들이 소장한 책들에 대한 평가가 격상된 것에 내심 흡족해 했고, 다른 고서점들에서는 호산방의 책값을 기준으로 하여 적당한 선에서 판매하니 매우 현실적인 이득을 취할 수 있었다. 또 이제 막 고서 수집에 발을 들여놓은 수집가는 나름대로의 정보를 얻을 수 있어서 오히려 환영했다.

나는 『호산방도서목록』을 발행한 후 곧이어 고서 경매전을 개최했다. 아직도 대부분의 장서가들은 책을 판다는 행위를 썩 떳떳하지 못한 일로 여기는 경향이 있는데, 경매전은 그같은 부담을 자연스레 덜어 준다. 그후 호산방을 영월로 옮기기까지 『호산방도서목록』을 18호까지 발행했으며, 고서 경매전도 여러 차례 개최했다.

1999년에는 영월책박물관 설립과 함께 호산방도 영월로 옮겼다. 그리고 팔 년, 호산방은 그 동안 박물관 사업에 밀려 명맥만 이어 왔다. 그러던 2006년 9월, 호산방을 서울 프레스센터로 이전했다. 박물관을 운영한다는 것이 의지만으로는 어렵다는 것을 절감한 때였다. 그래서 호산방 사업을 서울에서 재개하기로 한 것이다.(도판 59)

2007년 5월, 파주출판도시 호텔 지지향 이층에 호산방을 하나 더 오픈했다.(도판 60-61) 이와 때를 같이하여

59. 서울 프레스센터의 호산방.

60-61. 파주출판도시의 호산방.

『호산방도서목록』을 『호산방통신』이라 제호를 바꿔 근

십 년 만에 제19호를 발행하면서 새로운 사업체제로 들

어갔다.

그러나 그간의 고서점가에는 많은 변화가 있었다. 고

서 수집가도 상당수가 바뀌었고, 고서점의 운영 방식에

도 인터넷 온라인 서점으로 그 중심축이 옮겨 가고 있었다. 온라인 서점으로 말하면 호산방이 그 원조다. 『호산방도서목록』을 발행하면서부터 이들을 전산관리하기 시작했으니 벌써 이십 년이 되었다. 그러나 지금까지 영월에서 운영하던 방식으로는 시대의 흐름을 따라잡을 수가 없다는 생각이 들었다. 우선 호산방 사이트를 개편하여 새로운 변화를 꾀하기로 했다. 이에 앞서 인터넷 고서점의 문제점을 면밀히 살펴보았다.

온라인 판매의 구조적 특성은 고객과의 의사소통이 거의 단절되어 있다는 점이다. 대부분 상품 사진과 설명에 의존하여 판매가 이루어진다. 또, 대금 결제에 따른 고객의 불안한 마음을 어떻게 해소할 수 있는가 하는 점도 지나칠 수 없는 문제다. 결국 이 모든 문제는 고서를 보는 정확한 안목과 이를 바탕으로 한 성실함으로 풀어야 하는 것이다. 따라서 나는 사진과 상품 설명에 보다 사실적으로 접근하기로 했다. 적어도 물건에 대한 의문점이 있어서는 안 된다고 생각했기 때문이다. 따라서 가능하면 많은 사진과 함께 정확한 설명을 곁들이도록 노력하고 있다. 특히 상태와 관련한 시비를 없애기 위해 흠이 있는 부분을 상세한 사진으로 보여 주면서, 상태에 따라 매긴 등급을 별도로 알려 주고 있다.

이러한 생각을 바탕으로 2007년 여름, 미국의 세계적인 경매 사이트에 호산방 사이트를 개설했다. 동시에 기존의 사이트를 전면 개편하여 2008년 1월에 새롭게 오픈했다.

# 책으로 고서를 말하다

고서를 수집하여 어떻게 활용할 것인가는 수집가에 따라 다르다. 이는 고서 수집을 하기 전에 이미 그 목적이 세워지기 때문이다. 그러나 그 목적이 어떻든 간에, 고서를 수집하다 보면 자연히 그 방면에서는 저절로 많은 지식이 쌓여 전문가가 되기도 한다. 때문에 저술가 중에는 유명한 고서 수집가가 많다. 나는 고서를 수집하면서『서양인이 본 조선』과『우리 책의 장정과 장정가들』이라는 두 권의 책과, 몇 편의 논문을 썼다. 나야말로 고서를 수집하다 보니 저절로 글이 써지고 책이 만들어진 경우라 할 수 있다.

## 『서양인이 본 조선』
나는 오래 전부터 우리나라가 서양에 알려지기 시작한 것은 언제부터이며 또 우리나라를 방문한 최초의 서양인은 누구일까 하는 막연한 궁금증을 갖고 있었다. 그러다 이십여 년 전, 서양에서 출판된 한국 관련 자료들을 하나둘 접하면서부터 우리나라와 서양의 접촉이 어떻게 발전되어 왔는가 하는 데까지 생각이 미치게 되었다.

이렇게 시작된 한국 관련 서양 도서의 수집은『서양인이 본 조선』을 출간하기에까지 이르렀다. 내가 이 책을 쓰게 된 결정적인 동기는, 앞에서 언급한 바 있는 모리스 쿠랑의『한국서지』와 마에마 교사쿠의『고선책보』의 영

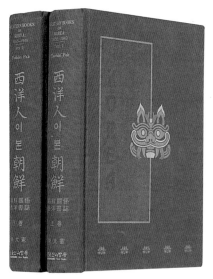

62. 박대헌의 『서양인이 본 조선』(호산방, 1996).

향을 받아서다. 나는 이 두 책을 알고 난 후 우리의 서지 작업이 외국인에 의해 이렇게 정리되었다는 것에 경외심을 갖게 되었다. 그것이 결국 나로 하여금 서양에서 출간된 조선 관련 서지를 정리하도록 자극이 되었던 것이다.

『서양인이 본 조선』은 1655년부터 1949년까지 약 삼백 년 동안 서양의 선교사·탐험가·군인·학자 들이 조선을 관찰하고 연구한 바를 서술한 백팔십팔 종 이백육십일 판본 이백팔십칠 책의 여러 서양어계 도서들을 서지학적으로 정리한 책이다.(도판 62)

각 도서의 제목과 저자·출판사·출판지·출판연도·판수·책수·면수·크기와 삽화 수 등을 표시했고, 책에 실린 흑백과 컬러 사진 몇 점을 실었다. 그 다음에는 저자와 책 내용을 소개하면서, 그 동안의 국내 연구 상황을 주석으로 소상하게 밝히려고 했다. 그 다음 장에는 각 책에 들어 있는 목차와 삽화 목록, 사진과 삽화를 수록했다. 목차에는 17세기에서 20세기에 이르는 영어·불어·독어·네덜란드어·스웨덴어·러시아어 등이 원전 그대로

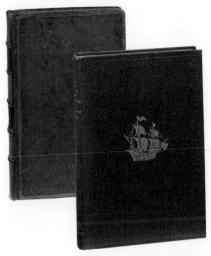

63. 맥레오드의 『조선 서해안 항해기』(왼쪽)와 하멜의 『하멜표류기』(오른쪽).

실려 있다. 따라서 이 목차만 보고도 원전의 내용이 어떠한지를 쉽게 짐작할 수 있게 했다.

설명한 대로, 이 책은 서지에 관한 전문서적인 동시에 역사서이다. 서지는 모든 학문의 기초이자 출발점이다. 학문을 하는 사람이라면, 그가 정한 연구 대상이 지금까지 어떻게 조명되었고 또 어떤 관련 자료가 있는가를 가장 먼저 검토해야 한다. 어떤 시대에 어떤 내용의 책이 어떻게 출판되었는가를 종합하여 밝히는 일은 모든 학문에 기초를 닦는 작업이다. 더구나 그 자료들이 쉽게 접할 수 없는 희귀본이라면 그 중요성은 더 말할 나위가 없다.

이러한 관점에서 볼 때 서양인들이 기록한 우리의 역사적 사실은 한국학을 연구하는 데 귀중한 자료이자 민족 문화의 자산이라고 할 만하다. 우리 선조들이 미처 기록하지 못한 당대의 역사적 사실들을 밝혀 주기도 하거니와, 무엇보다 이 땅의 역사를 제삼자의 시각에서 객관적으로 기록했다는 점이 중요하다. 그것이 어떤 목적으로 연구되었는가 하는 것은 서양 접촉사와 관련해 큰 의미를 갖는다.

64. 1653년 하멜 일행이 난파되어 제주도에 상륙하면서, 서양의 적포도주가 조선에 최초로 전래되었다(『하멜표류기』, 호에팅크 역, 네덜란드, 1920, 위).
65. 1816년 마량진첨사 조대복에 의해 서양의 포도주가 두번째로 전래되는 장면. 이때 조선 최초로 성경이 전래되었다(맥레오드, 『조선 서해안 항해기』, 영국: 존 머레이 출판사, 1817, 아래).

   이들 책 중에는 개항 이전 조선의 모습뿐만 아니라, 조선어의 소개, 서양에서 제주를 일컫는 명칭, 서양 술의 조선 전래, 성서의 조선 전래 등 다양한 내용이 담겨 있다. 조선이 나라 문을 걸어 잠근 채 집안싸움만 하고 있을 때 서양 여러 나라들은 앞 다투어 조선을 방문 또는 탐사했으며 그때마다 이러한 사실들을 기록으로 남겨 놓았다. 그러나 우리는 이제껏 이러한 사실조차도 잘 모르고 있었다. 사실 지금까지 학계에 알려진 이 방면의 자료는 극히 일부분에 지나지 않았다.(도판 63-65)

고서 수집에서 수집 대상의 주제는 독창적이어야 한다. 다른 수집가나 박물관에서 미처 관심을 갖지 않은 것이라면 더욱 좋음은 두말할 나위가 없다. 이런 면에서 볼 때 조선 관련 서양 도서는 매우 매력적인 주제라 할 만하다.

그러나 아무리 훌륭한 주제가 정해졌다 하더라도 자료가 저절로 구해지는 것은 아니다. 여기에는 유능한 파트너와의 만남이 있어야 한다. 앞서도 말했듯이 유능한 파트너는 모든 자료를 한곳으로 모으는 능력을 갖고 있기 때문이다. 나는 이 자료들을 오랫동안 집중적으로 수집했다. 외국에 직접 나가서 구하기도 하고, 국제적인 고서적상을 한국으로 직접 불러들여 구입하기도 했다. 이미 조선 관련 서양 고서가 미국 · 독일 · 프랑스 · 네덜란드 · 이탈리아 · 스웨덴 등 세계 여러 나라에서 출판된 관계로 나는 각 나라별로 유명 고서점 또는 중개인을 선정해 이들과 긴밀한 정보를 주고받을 수 있었다.

나는 이들 파트너가 제공하는 자료를 거의 다 구입했다. 그러다 보니 같은 책을 대여섯 권씩 사기도 했다. 하지만 파트너들이 나를 위해 구해 준 것들이므로, 중복되

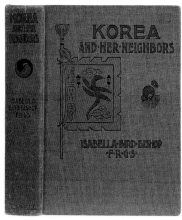

66-67. 비숍, 『조선과 그 이웃 나라들』의 여러 판본들.

는 책이 있어도 싫은 내색을 할 수가 없었다. 물론 가격이 점점 오르는 것도 어쩔 수 없이 받아들일 수밖에 없었다.

고서에서 초판본은 의미가 각별하다. 당연히 모든 고서 수집가들이 초판본을 선호한다. 그러나 나는 초판본 못지않게 모든 판본의 책이 각각의 의미를 갖고 있다고 생각한다. 따라서 한국 관련 서양 고서를 수집할 때부터 모든 판본에 의미를 두었다.

내가 조사한 바에 의하면, 앞에서 소개한 비숍의 『조선과 그 이웃 나라들』은 1897년 뉴욕 플레밍 레벨 출판사(Fleming H. Revell Company)에서 초판본이 간행된 이후, 같은 해에 삼판본까지 출간되었다. 1898년에도 판본 표시가 되어 있지 않은 책이 간행되기도 했다. 한편 1898년과 1905년에는 런던 존 머레이(John Murray) 출판사에서도 출간되었다. 흥미로운 것은 이들 각 판본의 표지 장정

68. 1996년 10월 일민문화관에서 열린 『서양인이 본 조선』 출간기념 전시.

과 편집, 책의 내용이 조금씩 다르다는 점이다.(도판 66-
67)

　미국 필라델피아 출신의 목사이자 동양학자인 그리피
스(William E. Griffis)가 쓴 『은자의 나라 한국(*Korea, the
Hermit Nation*)』은, 1882년 뉴욕 찰스 스크리브너스 선스
(Charles Scribner's Sons) 출판사와 런던 앨런(W. H. Allen)
출판사에서 같은 해에 출간되었는데, 이 두 책은 내용은
똑같으나 접혀 있는 지도 한 장과 책등 부분에 인쇄된 글
자가 약간 다르다. 그후 이 책은 1888년 · 1897년 · 1904
년 · 1907년에 각각 증보판이 나왔으며, 여러 차례 중판
되었다.

69. 『서양인이 본 조선』에 실린 책과 도판자료 등을 전시했다.

나는 이들 중 1882년 뉴욕과 런던에서 나온 초판본과
또 다른 갈색 장정의 1882년 뉴욕판본, 1888년 뉴욕 삼판
본, 1894년 뉴욕 사판본, 1897년 뉴욕 육판본, 1904년 뉴
욕 칠판본, 1907년 뉴욕 팔판본을 『서양인이 본 조선』에
소개했다.

『서양인이 본 조선』은 사업성이 없는 책이다. 그러니
어떤 출판사에서도 욕심낼 이유가 없다. 그래서 나는 호
산방에서 직접 출간하기로 마음먹었다. 『서양인이 본 조
선』이 출간되기까지 자료수집에 십수 년, 집필 · 제작에
오 년이 걸렸다. 교정도 스무 번 넘게 보았다. 그러나 이
게 무슨 자랑이겠는가. 지금 생각하면 모든 면에서 부족

하고 아쉬움만 남는다. 그나마 이 책이 이만큼의 모습이라도 갖추게 된 데는 사진의 역할이 컸다. 사진 작업만도 꼬박 삼 개월이 넘게 걸렸는데, 이때 테스트로 찍은 필름만도 한 박스가 넘는다. 사진작업은 구름 사진가로 유명한 김광수(金光洙) 선생이 맡았다.

이 책이 처음 출간되었을 때 반향이 대단했다. 광화문 일민문화관에서 가진 『서양인이 본 조선』 출판기념 전시회는 성황을 이뤘고, 관련 학자들에게도 대단한 호응을 불러일으켰다. 쑥스러운 얘기지만 이 전시는 우리의 고서문화를 한 단계 끌어올리는 계기가 되기에 충분했다고 생각한다. 기존의 고서 전시와는 분명 그 궤를 달리했다. 장소부터가 전문 미술관이었을 뿐만 아니라 전시기획에서부터 디스플레이, 진행에 이르기까지, 고서가 미술의 한 장르에 포함되어도 아무런 손색이 없다는 것을 보여주었다.(도판 68-69)

지금에서야 고백하지만, 나는 이 책의 출간과 전시를 통해 나의 문화적 역량을 시험해 보고 싶었다. 이때의 모든 전시기획과 진행을 내가 직접 주도했다. 그것은 다름 아닌, 평생의 꿈인 책박물관 설립의 가능성을 미리 점쳐 보고 싶었기 때문이다.

돌이켜보면 내가 이렇게 책을 내고 성대한 전시를 하는 것을 곱지 않은 시선으로 바라보는 이도 적지 않았던 것 같다. 『서양인이 본 조선』에 소개된 책들은 고서 수집가들은 물론 학계에서도 잘 모르고 있던 것들이 대부분이었다. 내 주위의 연구자와 수집가들의 마음이 편할 리가 없었다. 나는 미처 그것을 생각하지 못했다.

어쨌든 출판기념 전시회의 열기가 구매로 이어지지는 못했다. 예상치 못한 바는 아니었다. 위안이라면, 이 책으로 한국출판문화상을 수상한 것이다. 이 책을 출판하기 위해 얼마나 많은 시간과 열정을 바쳤는지 모른다. 또 나의 전 재산을 이 작업과 맞바꾸는 오기를 부려야만 했다. 이제 그 대가로, 내가 지금까지 책을 수집하고 글을 쓰고 또 출판을 하기까지 겪었던 어려움보다 더 큰 고통이 십삼 년이 지난 지금까지도 나를 괴롭히고 있다.

## 『우리 책의 장정과 장정가들』

이십여 년 전, 열화당 이기웅(李起雄) 사장과의 술자리에서 책 표지에 관한 이야기가 화제가 되었다. 마침 나는 오래 전부터 장정(裝幀)에 관심을 갖고 이에 관한 자료를 수집하던 차였다. 무심결에 얘기를 하니, 이 사장은 다짜고짜 열화당에서 책을 내자고 제의했고 나는 엉겁결에 그렇게 하자고 했다. 그후 이 사실을 잊을 만하면 이 사장은 어떻게 돼 가냐고 나를 다그치곤 했다. 틈나는 대로 원고를 써 보았지만 좀체 마음에 들지도 않고 진전도 없었다. 그리고 십여 년이 지난 1999년 4월, 영월책박물관 개관에 맞추어 결국 열화당에서 출간되었다. 사실 이 책이 나오기까지는 이 사장의 조언과 격려가 큰 힘이 되었다. 여기에 더해, 이 책을 만드는 과정에서 담당 편집자였던 이수정 씨는 기획에서부터 편집은 물론 원고를 깁고 다듬느라 필자인 나 이상으로 수고를 아끼지 않았다.

70. 박대헌의 『우리 책의 장정과 장정가들』
(열화당, 1999).

이 책, 『우리 책의 장정과 장정가들』에서는 우리나라의 전통 장정과 양장(洋裝)이 처음으로 만난 1883년부터 육이오가 끝난 1953년까지, 즉 우리의 근대 인쇄·출판 칠십 년간 단행본들의 장정이 어떻게 변천해 왔는가를 책에 따라 살펴보았다. 여기에 실린 자료 역시 내가 직접 수집한 것들로, 『서양인이 본 조선』에서처럼 고서 수집과 연구에 이르는 과정에서 주제를 선정하는 것이 얼마나 중요한가를 다시 한번 보여주고 있다.(도판 70)

우리는 어떠한 책에 처음 다가갈 때, 그 책이 담고 있는 내용을 음미하기에 앞서 두 눈을 자극하는 이미지 앞에 놓인다. 그리고 팔을 뻗어 그것의 구체적인 꼴과 감촉을 손안에서 느낀 후에야 비로소 그 내용과 만나게 된다. 이처럼 인간의 정신·감정·사상을 기록한 책은 단순히 읽히기만 하는 것이 아니라 눈으로 보고 손으로 어루만지는 과정을 필요로 한다.

따라서 책의 내용을 만드는 기획·편집 과정 못지않게, 시각적으로 형상화하고 물리적으로 존재하게 하는 제작의 과정도 매우 중요하다. 그 중 책의 겉모습을 만드는 작업이 바로 장정으로서, 표지·면지·표제지·케이스 등을 시각적으로 꾸미는 것을 말한다.

이러한 장정은 사람마다 각각 개성이 다르듯 책의 내용과 성격에 따라 제각기 어울리는 모습을 가지며, 장정가·저자·출판사의 생각뿐만 아니라 그것이 만들어지던 시대적 상황과 경제적 여건까지 반영한다. 결국 잘 만들어진 한 권의 책은 그 자체로 독립된 예술품인 동시에, 그 시대의 문화·경제·예술의 역사를 총체적으로 보여주는 귀중한 산물이라 할 수 있다.

내가 장정에 관심을 갖기 시작한 것은 고서 수집을 시작하면서부터라 해도 틀린 말이 아니다. 물론 그 당시에는 장정이라는 말도 몰랐거니와 그 개념도 없었던 것이 사실이다. 그저 됨됨이가 반듯하고 아름답게 만들어진 책을 보면 왠지 가슴이 설레고 갖고 싶다는 생각을 했을 뿐이다. 그후 장정이 출판편집에서 중요한 역할을 한다는 것을 감각적으로 체득하기까지는 그리 오랜 시간이 걸리지 않았다. 문화적 문학적으로 이름난 책들은 한결같이 장정이 잘 되어 있었다는 사실도 알게 됐고, 이런 책을 한두 권 수집하다 보니 어느새 수백 권이 되었다.

우리의 장정사에서 가장 인상적인 장정 하나를 꼽으라면 나는 주저 없이 『기상도(氣象圖)』를 들고

71. 김기림의 『기상도』(창문사, 1936).
시인이자 소설가인 이상이 장정한 것이다.

싶다. 『기상도』는 김기림(金起林)의 시집으로, 이상(李箱)이 장정을 했다. 1936년 7월 8일 창문사(彰文社)에서 발행되었으며, 가로 14.1센티미터 세로 21센티미터에, 본문 삼십일 쪽을 포함한 모두 사십 쪽의 책이다.(도판 71) 모두 사백이십사 행의 장시로, 「세계의 아침」 「시민 행렬」 「태풍의 기침시간」 「자최」 「병든 풍경」 「올빼미의 주문」 「쇠바퀴의 노래」 등 일곱 부로 이루어져 있다. 이들은 현대 자본주의 문명에 대한 비판을 담은 기이한 소재와, 기지 · 해학 · 풍자 · 반어 등의 수법을 이용해 모더니즘 시를 시도한 작품이다.

잘 알려진 대로 이상은 시인이며 소설가다. 1929년 경성고등공업학교 건축과를 졸업하고, 조선총독부 내무국 건축과 기수로 근무하면서 『조선과 건축(朝鮮と建築)』의 표지도안 현상모집에 당선된 경력을 갖고 있기도 하다. 1931년에는 제10회 조선미술전람회에 「자상(自像)」을 출품해 입선하기도 했다. 1933년, 종로에서 다방 '제비'와 카페 '낙랑' '쓰루' '69'를 경영했지만, 모두 실패하고 말았다. 그러나 이때 이태준 · 박태원(朴泰遠) · 김기림 · 윤태영(尹泰榮) · 조용만(趙容萬) 등과 친분을 맺게 되었다. 특히 박태원이 『조선중앙일보』에 연재한 소설 「소설가 구보씨의 일일」의 삽화를 그리는 등, 문학뿐만 아니라 미술 방면에도 많은 재능을 보였다.

이상이 김기림의 시집 『기상도』의 장정을 하게 된 동기는, 당시의 문화풍토가 그렇듯이 이상과 김기림의 친분관계 때문이라고 볼 수 있다. 더욱이 창문사는 서양화가 구본웅(具本雄)의 아버지가 경영하던 출판사로, 구본웅은 이상보다 네 살 연상이었지만 1921년에 신명보통학교를 같이 졸업한 사이였다. 구본웅은 화가이면서 예리한 비평안을 지닌 문필가이기도 했다. 그는 창문사 일을 도우면서 이상 등 여러 문인들과 교우관계를 가졌고, 1936년 구인회(九人會)의 동인지 『시와 소설』, 1938년 문예잡지 『청색지(靑色紙)』를 창간하기도 했다. 이상은 구본웅과의 이러한 인연으로 1936년에 창문사에서 잠깐 일한 적이 있었는데 『기상도』는 그때 장정한 책이다.

이 책은 두꺼운 합지를 표지로 씌워, 얼핏 한 장의 검은 판지처럼 보인다. 검정색에 가까운 암회색 종이를 씌우고, 그보다 조금 옅은 색의 종이 띠를 약 이 센티미터 폭으로 잘라 앞뒤에 두 개씩 세로로 덧붙였다. 표제 '金起林著 長詩 氣象圖'는 보일 듯 말 듯 작은 크기의 어두운 레몬색 활자로 표지 위에 도장 찍듯이 직접 찍었다.

일반적으로 표지 인쇄는 사용하는 표지의 재질에 따라 인쇄를 하거나 금박, 압인(押印) 등으로 처리한다. 그러나 『기상도』의 표지는 위의 모든 작업을 일일이 손으로 해야만 했다. 표제지는 활자의 크기를 이용했는데, '氣象圖'의 활자를 모두 석 장(張)에 걸쳐 약 9 · 12 · 15포인트로 점점 키워 마치 이 시집 안으로 걸어 들어가는 듯한 느낌을 주었고, 마지막 장의 저자명 바로 아래에는 '裝幀 李箱'이라 적어 넣었다. 상아색 본문 용지에 작은 글씨로 시행을 촘촘히 배열하고 여백을 많이 살렸으며, 인쇄 상태도 양호하여 전체적으로 깔끔한 편집을 보여주고 있다. 제본은 철사매기로 했다.

당시의 편집은 장정은 물론 본문편집까지 편집자가 거의 혼자 도맡아 하는 것이 일반적이었다. 그러던 것이 장정에 관심을 둔 몇몇 장정가의 출현으로, 장정과 본문편집 작업이 비로소 나뉘기 시작했다. 그러나 『기상도』의 경우, 장정뿐만 아니라 본문편집 작업도 이상에 의해 이루어진 것으로 보인다. 이것은 석 장의 속표제지와 본문의 편집 양식이 동일인의 솜씨로 짐작되기 때문이다. 이상은 교정과 조판 등 출판과 관련하여 김기림과 상의하는 등 각별한 관심을 보였다.

이상은 『기상도』 장정에서, 특정 사물의 형상이나 추상적인 문양에서 벗어나 표지 전체를 암회색 계통으로 일관하면서, 표제 외에는 아무런 장식도 문자도 보이지 않는 한 덩어리 어둠의 공간을 표현하고 있다.

표지란 독자에게 그 책이 담고 있는 내용에 대한 정보를 상징적으로 전달할 수 있어야 한다. 이런 점에서 『기상도』는 표지가 갖추어야 할 가장 기본적인 정보인 서명과 저자명의 표기가 거의 무시되었다. 한마디로 장정의 이론과는 거리가 먼 디자인이다.

이러한 장정으로는 『기상도』의 내용이나 김기림 시의 성향을 독자에게 전달하기란 결코 쉽지 않을 것이다. 『기상도』에 실린 작품들이, 「태풍의 기침시간」 「병든 풍경」 「올빼미의 주문」 「쇠바퀴의 노래」 등의 제목에서 알 수 있는 것처럼 기이한 소재를 다루고 있다는 사실, 또는 기지 · 해학 · 풍자 · 반어 등의 수법을 이용해 모더니즘 실험을 시도한 작품이라는 사실을 익히 알고 있는 독자라면 또 모를까, 설령 이러한 사실을 익히 알고 있는 독자라하더라도 『기상도』 장정을 통해 이 모든 것을 연상하길 기대하기란 사실 무리다.

그러나 이상은 『기상도』 장정을 한 덩어리의 암회색 공간으로 표현하는 데 주저하지 않았다. 물론 이러한 장정이 나오기까지는 『기상도』의 내용에도 어느 정도 영향을 받았겠지만, 무엇보다도 북디자이너 이상의 정신세계에 주목할 필요가 있겠다.

# 영월책박물관

## 폐교를 박물관으로

영월책박물관이 자리한 옛 여촌분교는 강원도 영월군 서면 광전 2리, 속칭 '뱃말'과 '골말'을 내려다보고 있다.(도판 72) 골말의 원래 지명은 '고운마을(麗村)'이다. 이는 마을의 경관이 아름다워서 붙여진 이름인데, 이후 '고울마을' '고울말' '골말'로 바뀌었다고 전해진다. 골말 주변 서강에는 꺽지·어름치·수달·물오리 등이 서식하고 있으며, 잘 보존된 성황당과 공개되지 않은 동굴 등이 산재해 있다. 평창강(平昌江)과 주천강(酒泉江)이 만나 흐르는 서강(西江)의 윗줄기에 오도카니 자리잡은 여촌분교는 일견 호젓하고 소박한 느낌을 자아낸다.

내가 이곳을 처음 찾은 것은 학교가 막 문을 닫은 직후인 1998년 3월이었다. 3월이라고는 해도 음지에는 아직 잔설이 남아 있었다. 적당히 빛바랜 계단을 오르자, 곧 눈앞에 칠팔백 평 규모의 아담한 운동장과 교사(校舍) 두 동이 나타났다. 계단에서 내려다보이는 골말은 한 폭의 그림이었다. 그 너머로 커다란 산이 눈에 들어온다. 배거리산이다.

배거리산은 해발 852.5미터의 높은 산이다. 옛날 천지 개벽으로 온 세상이 물바다가 되었을 때 뱃말에 살던 마음 착한 부부가 가족과 함께 배를 타고 피난을 가다, 물이 점차 늘어나 배가 이 산 꼭대기에 걸렸다는 전설이 전해지고 있다. 『영월부읍지(寧越付邑誌)』에는 이 산을 석선산(石船山)이라고 기록하고 있다.

1991년부터 H시멘트의 석회석 광산으로 원형을 잃기 시작했으며, 배거리산 중턱까지 파헤쳐진 광산이 흉물처럼 버티고 있어서 이 학교가 폐교된 이유를 단적으로 보여주고 있었다. 여촌분교는 1962년에 개교하여 1998년에 문을 닫기까지 삼십육 회에 걸쳐 사백여 명의 졸업생을 배출했고, 문 닫을 당시에는 네 명의 학생이 있었다. 한때는 아이들의 북적거림으로 떠들썩했지만, 지금은 모두가 떠나고 황폐해진 곳. 폐교란 말 그대로 문 닫은 학교, 버려진 학교다. 학교만이 문을 닫은 것이 아니고, 마을까지 문을 닫았다. 그야말로 삶의 시곗바늘이 멈춘 마을이다. 그럼에도 불구하고 나는 바로 여기구나 하는 생각이 들었다. 그리고 8월말, 영월교육청으로부터 학교를 임대

72. 박물관에서 내려다본 골말. 뒤로 배거리산이 보인다.

73-74. 1999년에 문을 연 영월책박물관. 문 닫은 여촌분교를 임대받아 그대로 활용했다.

받았다. (도판 73-74)

폐교는 그 이름만 들어도 아련한 추억과 애틋한 정이 묻어나는 곳이다. 박물관은 옛 학교 터와 건물을 그대로 활용해서 산골 분교의 모습을 잘 보여주고 있다. 영월 같은 강원도 산골에서 학교가 갖는 의미는 그저 배움의 장소만이 아니다. 그곳에서는 매년 운동회가 열리고, 그날은 마을의 축제날이다. 마을의 크고 작은 일을 치르는 마당이며, 마을 사람들의 정신적 기둥으로 공동생활터의 구실을 해 왔다. 어쨌든 지금 이 문 닫은 학교가 책박물관으로 다시 태어나, 새로운 문화공간으로 꾸며진 것이다.

1999년 4월, 경향(京鄕) 각지의 언론은 연일 강원도 영월의 문 닫은 학교에 책박물관이 들어선다는 소식을 전했다. 사실 대부분의 사람들이 기대보다는 우려를 더 많이 했다. 산골 폐교에 박물관을 세운다니 우리의 문화풍토에서 그것은 분명 무모한 짓으로 비쳤을 것이다.

나는 박물관을 준비하기 오래 전부터 박물관 운영뿐만 아니라 디자인의 역할에 많은 관심을 가지고 있었다. 명함에서부터 로고는 물론 초청장·포스터·입장권 등에 이르기까지 일련의 디자인 작업이야말로 박물관의 색깔을 가장 극명하게 보여줄 수 있을 것이라고 생각했다. 그러나 무엇보다도 큰 문제는 이러한 나의 뜻을 이해하고 함께할 디자이너를 만나는 것과, 그에 따르는 경제적인 부담을 어떻게 해결하느냐 하는 점이었다.

박물관 개관을 오륙 개월 앞두고 나는 이 문제로 심각한 고민에 빠져 있었다. 다행히 디자이너 홍동원 선생이 박물관 개관에 필요한 디자인 일체를 무상으로 제작해 주겠다고 자청하고 나섰다. 그는 당시 모 일간지의 편집

75. 홍동원이 디자인한 영월책박물관 개관 기념 포스터.

76–77. 정병규가 디자인한 영월책박물관 행사 포스터.

을 전면 개편하는 대형 프로젝트로 눈코 뜰 새 없이 바쁜 나날을 보내고 있었다. 영월책박물관의 로고와 개관 당시의 포스터와 브로슈어, 내 명함 등은 이렇게 만들어진 것이다. 이 작업은 세 명의 디자이너에 의해 사 개월여에 걸쳐 이루어졌다.(도판 75)

개관 이후에는 기획전시를 비롯하여, 세미나·음악회·퍼포먼스 등 수십 차례의 문화행사를 치러냈다. 그때마다 책박물관의 소식은 대처(大處)의 문화계에 신선한 충격을 던져 주었다. 특히 매년 오월에 열리는 영월책축제는 팔 회를 거치면서 이제는 전국적인 축제로 뿌리내렸다.

북디자이너 정병규 선생은 박물관 개관 이듬해부터 칠

년여 동안 열 권 이상의 도록과 행사 초청장, 포스터 등 전시회 관련 인쇄물의 디자인을 단 한푼의 수고비도 받지 않고 도맡아 주었다.(도판 76~77)

언젠가 정 선생이 한 디자인 잡지와의 인터뷰에서 "내가 박대헌이란 사람을 잘 알고, 그가 영월에서 무엇을 하고 싶어하는지를 알기 때문에, 디자이너로서 영월의 디자인에 참여하고 있다"는 얘기를 한 적이 있다. 두고두고 마음의 빚으로 남아 있다.

## 문화마을을 꿈꾸며

여러 사람들이 내가 많은 책을 소장하고 박물관을 세우니 선대로부터 유산이라도 물려받았을 거라 생각하지만, 실은 그렇지 않다. 내가 이같은 박물관을 세울 수 있었던 것은, 보통 사람들이 꿈꾸는 지극히 평범한 생활 수준도 포기하고 오랜 시간과 모든 열정을 오직 책에 쏟아 부었기 때문이다.

일반적으로 박물관이라 하면 대도시의 커다란 건물에 잘 갖추어진 시설을 떠올린다. 이런 생각을 하고 우리 박물관을 찾아온 사람들은 대개 실망감을 감추지 못한다. 심지어는 화를 내는 사람도 적지 않다. 볼 것이 없다는 얘기다. 지금까지 자신들이 생각하고 있던 박물관하고는 너무나 거리가 멀다고 생각했기 때문이다. 그들의 눈에는 그저 초라하고 옹색한 시골 폐교로만 보였던 것이다.

물론 내가 이러한 사정도 모른 채 박물관을 세우고 꾸려 가는 것은 아니다. 또 우리 박물관의 문제점이 무엇인

78. 「음양지와 센카지」전(1999년 10월)에
출품된, 사카모토 나오아키(坂本直昭)의
영월책박물관 포스터. 1800년대 서양 목활자로
찍었다.

지 어느 누구보다도 잘 알고 있
다. 그러나 나는 이러한 문제들
은 한순간에 해결될 수 있는 것
들이라고 생각했다. 중요한 것은
박물관의 외형적인 모습이 아니
라 그것이 갖는 문화적 역량과
발전 가능성이다. 내가 이 일을
계속하는 것은 문화 역량에 대한
확신 때문이다.

나는 문화적으로 척박한 영월
에, 책을 짊어지고 내 발로 찾아
왔다. 서울의 호산방도 박물관
개관과 함께 영월로 옮겼다. 이
렇게 나의 모든 것을 걸고 모험
을 한 것이다. 영월은 나의 고향이 아니다. 또, 아무런 연
고도 없다. 그저 이곳이 좋아서, 책이 좋아서 온 것이다.
다시 말해 나는 영월에 그저 살러 온 것이다. 적어도 지금
까지는 그랬다.

내가 꿈꾸는 책마을은 책박물관을 중심으로 하는 자생
적인 문화마을이다. 고서점과 화랑이 있고 문화예술인의
작업실에 아름다운 카페가 있는 그런 마을이다. 나는 이
를 위해 지금까지 열두 차례의 기획전을 치렀다. 「아름다
운 책」 전시를 비롯하여 「음양지(陰陽紙)와 센카지(泉貨
紙)」(도판 78) 「홍성찬 일러스트레이션 사십년 특별전」
「어린이 교과서」「종이로 보는 생활풍경―근대 종이ㆍ인

79-80. 일제강점기의 조선방직주식회사 포스터(왼쪽)와 조선철도국 포스터(오른쪽).

쇄 · 광고 · 디자인」「책의 꿈, 종이의 멋」「옛날은 우습구
나—송광용 만화일기 40년」「철수와 영이—김태형 교과
서 그림」「영월아리랑—꼴 · 깔 · 소리와 김정」「유리물
고기—1930년대 한국어류사진」「님의 침묵과 회동서관—
근대출판의 시작」「책의 바다로 간다—정병규북디자인」
「우리들 마음에 꽃이 있다면—김정 그림책」전시 등이다.

2001년에 개최한「종이로 보는 생활풍경—근대 종이 ·
인쇄 · 광고 디자인」은 우리나라에 신식활판 인쇄술이 도
입된 1883년경부터 1960년대 사이의 인쇄물 중에서, 포
스터 · 사진 · 증명서 · 신문 · 호외 · 전단 · 광고지 등의
생활사 자료를 중심으로, 종이의 쓰임새와 인쇄 · 광고 ·
디자인의 역사적 흐름을 보여주고자 마련한 전시다. 여

81. 최승희의 예술무용공연 포스터(일제강점기).

기에 사용된 종이는 대부분이 양지(洋紙)이며, 인쇄·광고·디자인 면에서 보여주는 이미지는 한마디로 촌스럽다고 말할 수도 있다. 비록 궁핍한 시대의 산물이지만, 이 시기의 종이 문화를 통해 우리 지난 삶의 진솔한 모습을, 우리 근대사의 한 단면을 보여주고자 했다.(도판 79-81)

전시물 중에는 1936년 베를린 올림픽 대회에서 마라톤 세계신기록으로, 한국인으로서는 최초로 올림픽 금메달을 획득한 손기정(孫基禎)의 육성을 담은 「우승의 감격」(콜롬비아 레코드)도 있다. 낡은 레코드판에 붙어 있는 동그란 레이블 종이에도 역사는 기록되어 있다.(도판 82)

'복장계의 왕좌는 모샤이다' 라는 내용의 포스터는 일제강점기 멋쟁이들에게 인기있었던 하늘하늘한 모슬린 천을 광고하는 것으로 당시 풍속사를 고스란히 담고 있다.

"농촌형제여 풍년이 들어 쌀은 만소만은 다른 물건이 업서서 곤난하구려. 도시형제는 식량이 업서 매우 곤난하다. 농촌형제여 쌀을 생활필수품회사로 팔고 회사로부터 필수품구입증명서를 밧으라."

82. 위쪽부터 시계방향으로, 문영수·박춘재가 부른 「사설남봉가」「무당노래가락」이 담긴 음반(닙보노홍), 손기정의 육성을 담은 「우승의 감격」이 실린 음반(콜롬비아 레코드), 최승희의 「향수의 무희」「이태리의 정원」이 담긴 음반(콜롬비아 레코드), 안종화·이월화의 「카르맨」(일동축음기주식회사).

광복 직후 미 군정청이 만든 포스터 '남는 쌀을 팔읍시다'의 내용이다. 정부에 의한 추곡수매라는 것이 없을 때 도시와 농촌 간의 원활한 물자교환을 위해 마련된 조치였다. 〈춘향전〉〈산유화〉〈유혹의 강〉〈사랑〉〈춘희〉〈아내만이 울어야 하나〉〈청춘극장〉 등 국내외 영화 리플릿은 그 시대를 대표하는 대중 인쇄물이다.(도판 83)

플라스틱보다 종이가 널리 쓰였던 시대에는 각종 상품 케이스와 포장에서도 종이가 일등공신이었다. 일제시대 '닭표 빈대약'과, 비슷한 시기에 동아약화학공업주식회사에서 만든 '강력살충제 구라콘' '금복화투'도 그렇고, 풍년초담배·율곡성냥·대성성냥·백조성냥·유엔성냥 등 담배와 성냥 등의 포장갑도 모두 종이로 만들었다.

또 로맨스백분·장미백분·서가도란·화신장분·서가
연지 등 일제시대와 오륙십 년대를 주름잡던 화장품들도
포함되어 있다.

작품의 생성학적 비평전문가인 프랑스의 피에르-마르
크 드 비아지(Pierre-Marc de Biasi)는 저서『종이 : 일상의
놀라운 사건(*Le papier, une aventure au quotidien*)』에서 현대
문명에서 종이의 역할에 대해 다음과 같이 말하고 있다.

"종이는 도처에 있다. 일상생활에서 순간순간마다 사
소하고도 중대한 일을 수행한다. 종이는 그 상태로 머물
면서 전달한다. 그때 종이는 언어와 민족의 기억을 소장
한다. 종이는 증언한다. 그때는 증거이자 법이 된다. 또
종이는 순환하며 의사소통을 한다. 그때에는 당대의 지
적 경제적 교류에서 없어서는 안 될 소재가 된다. 종이는
장식하고 포장한다. 그때 종이는 상품구매를 유혹하는

83. 이광수의 원작을 영화화한 〈사랑〉의 리플릿(1957).

소비사회의 핵심이 된다."

나는 종이의 다양한 모습을 통해 책의 또 다른 실체를 사람들에게 보여주고자 했다. 그후 계속된 전시들도 이와 크게 다르지 않은 주제 속에서 이루어졌다. 또 전시와 같은 주제로 세미나와 강연회, 음악회 등을 개최하기도 했다. 그때마다 지방의 작은 박물관 행사치고는 과분할 정도로, 각종 언론의 스포트라이트를 받곤 했다.

영월책박물관의 모든 행사는, 개관 당시 디자인 작업이 그랬듯이 순전히 자원봉사에 의해 이루어졌다. 문화예술 여러 분야의 사람들이 나의 꿈과 의지를 믿고 지금까지 물심양면으로 많은 도움을 주었다. 뿐만 아니라 이들은 책박물관이 어려운 고비를 맞을 때마다 후원을 자청하고 나섰다. 사실 이들이 아니었으면 오늘의 영월책박물관은 있지 못했을 것이다.

## 산 넘어 산

2003년 3월 16일 일요일 밤, 영월책박물관에 도둑이 들었다. 전시실과 서고를 뒤져, 한적과 양장본 등 모두 이백여 권의 책을 훔쳐갔다. 여기에는 『탐라별곡(耽羅別曲)』을 비롯해, 1539년에 출판된 『몽산화상대도보설(蒙山和尚大道普說)』 목판본과, 율곡 이이의 『석담일기(石潭日記)』 필사본, 『복무정종(卜筮正宗)』 목판본, 『경주최씨세계』 필사본 등의 한적이 포함되어 있다. 또 『황야에서』와 『아기네 동산』 등 양장본 다수와 개화기 교과서도 도난당했다. 이것들은 대부분이 귀중본으로, 이 중 필사본을 포함한 몇 권은 유일본이기도 하다.

내가 아끼던 책도 여러 권 있었는데, 『탐라별곡』도 그 중 하나다. 이 책은 정언유(鄭彦儒, 1687-1764)가 지은 한글 가사 필사본으로, 표제는 '정문침(頂門針)'이라고 되어 있다. 정언유는 조선 후기의 문신으로 제주목사를 거쳐 호조참판을 지낸 인물인데, 이 가사는 영조 25년 (1749)에 그가 제주목사로 부임했을 때 제주를 소재로 지은 가사로 그의 친필본이다.

耽羅 녯都邑이 몇千年 基業인고
星主王子 긔난후에 物換星移 오라겨다
城郭이 고쳐시니 文物이들 녜굿ᄒ랴
聖朝에 臣屬ᄒ며 命吏을 ᄂ리시니
혼조각 彈丸小島 大海에 쌔잇ᄂ디
三邑을 ᄂ화안쳐 솟발로 버려시니
山南은 兩縣이오 山北은 州城이라
土地는 긔얼마며 人物은 어딕 하니

이렇게 시작되는 가사는 모두 백이십 행 이백사십 구로, 제주에 대한 첫인상, 제주도민의 어려운 생활상, 이를 극복하기 위한 목민관으로서의 다짐, 제주 경승지를 돌아본 감회 등을 주 내용으로 하고 있다.

『복무정종』은 인조(仁祖)의 수택본으로 '송창(松窓)' '보우명지(保祐命之)' 등 여섯 종의 낙관이 찍혀 있다. 『경주최씨세계』는 1800년대에 한글 궁체로 씌어진, 매우 아름답게 만들어진 가승보(家乘譜)로 필사본이다. 아버지가 시집가는 딸에게 만들어 준 친정의 족보다.

『황야에서』는 1922년 김영보(金泳俌)가 쓴 우리나라 최초의 희곡집으로, 장정도 저자 자신이 했다. 「나의 세계로」 「시인의 가정」 「정치삼매」 「구리십자가」 「연(戀)의 물결」 등 모두 다섯 편의 작품들이 실려 있는데, 전통인습 타파라는 매우 진보적인 도덕관을 제시한 작품들로 알려져 있다. 이 책은 지금까지 장정가가 알려진 단행본으로서는 우리나라 최초의 것이다. 따라서 출판미술사적으로 그 가치가 높이 평가되어야 할 책이기도 하다. (도판 84)

『아기네 동산』은 1938년 임홍은(林鴻恩)이 자신의 글을 포함한 여러 작가·작곡가의 동화·동요·곡보(曲譜) 등을 편찬한 아동도서로, 그가 직접 표지화와 삽화도 그

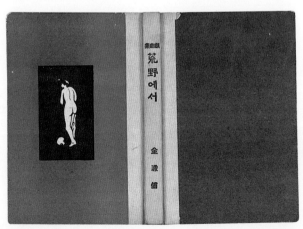

84. 김영보의 『황야에서』(조선도서주식회사, 1922). 우리나라 최초로 장정가가 표시된 책으로 알려져 있다.

85. 임홍은의 『아기네 동산』(아이생활사, 1938). 저자가 직접 표지화와 삽화를 그렸다.

렸다. 표지 그림은 꽃과 나비, 잠자리 등을 의인화한 것
으로, 색종이를 오려 붙인 듯 노랑·연두·분홍·파랑
등의 밝고 경쾌한 색으로 꾸몄다. 면지·목차·서문·본
문도, 표지 못지않게 다양한 삽화·문양·타이포그래피
로 정성을 들였다. 주로 펜으로 그린 선화(線畵)나 수채
물감으로 옅게 채색한 그림들로, 그 내용과 분위기에 어
울리는 삽화가 아흔아홉 컷에 이르는, 매우 아름답게 만
들어진 책이다.(도판 85)

　위와 같은 책들이라면 누구의 손에 들어가든 애장서로
대접받기에 충분하다. 따라서 이 정도의 희귀본이라면
어디에서 누가 소장하든지 언젠가는 공개될 수밖에 없
다. 머지않아 그 책을 훔쳐간 자가 누구인지는 세상에 밝
혀질 것이다. 나는 그 책들을 언제 어디서 보더라도 한눈
에 알아볼 수 있다. 대부분의 자료들을 사진과 글로 정리
해 놓았기 때문이다.

## 박물관 고을, 영월?

영월군은 2004년 11월, 제5회 자치행정혁신대회에서 '박물관을 이미지화한 지역 만들기—세계 최대 지향 박물관 군(郡) 조성사업'이란 사례 발표로 우수상을 수상했다. 여기에서 영월군은 향후 2015년까지 총 이십 개소 이상의 박물관을 건립하겠다는 구상을 밝혔다.

이어서 영월군은 정부의 신활력사업 정책의 일환인 '박물관 고을 육성사업' 지역으로 선정돼, 2005년부터 향후 2009년까지 매년 약 삼십억 원을 지원받아 이 사업을 추진하게 되었다. 이는 전국적으로 발전이 낙후된 칠십 개 시·군의 사업계획을 평가한 결과로, 이제 영월군은 지역경제의 키워드를 문화의 꽃이라 할 수 있는 '박물관'으로 선택한 것이다. 곧, 영월 소나기재 아래에 '박물관 고을 영월!'이라는 대형 표지판이 나붙었다.

그후 영월군의 박물관 사업은 발빠르게 진행되었다. 나는 영월군 박물관협회를 구성하고 그 첫 사업으로 2005년 11월 「박물관 고을 조성과 발전방향 심포지엄」을 개최했다. 나는 이 심포지엄을 차후 국제적인 박물관 포럼으로 발전시켜 나가기로 몇몇 지인들과 뜻을 같이하고 전국 규모의 행사로 준비했다. 이 사업의 기획에는 이기웅 파주출판도시 이사장과 서울대 인류학과 전경수 교수, 세종대 사학과 최정필 교수 등 문화계 여러 인사가 도움을 주었다. 주제 발표는 서울대 환경대학원 유병림 교수, 서울대 인류학과 이문웅 교수, 전통문화학교 최종호 교수 등이 맡았다.

전국 사백여 명의 문화예술인이 참여하여 심포지엄은 성공적으로 치러졌다. 이어서 경기도 파주 헤이리 예술마을과 대구대학교 중앙박물관에서 열린 순회전시회「야! 영월이다」는 영월군이 박물관 고을임을 전국적으로 알리는 계기가 되었다. 나는 앞의 심포지엄에서, '영월 박물관 고을 육성사업'의 당면 과제로, 영월군의 박물관 업무를 지속적으로 전담하는 관계 공무원과 박물관 전담 부서의 신설이 요구된다고 주장한 바 있다. 그래서인지는 몰라도 2006년 3월, 박물관 고을 육성사업 전담부서로 '지역혁신단'이 신설되었다. 이때 담당공무원이 바뀌면서 사업체제가 새롭게 갖추어지는 듯이 보였다.

나는 언젠가는 이런 날이 올 것이라 기대하고 나름대로 많은 준비를 해 왔다. 각종 전시사업과 다양한 교육 프로그램은 물론 중장기 대형 사업계획을 여러 건 마련해 놓고 있었다. 이것들은 모두 각 분야의 전문 학자와 현장에서 일하는 전문가들이 머리를 맞대 준비한 것들이다. 여기에는「영월책마을 환경설계」(이미경, 서울대 환경대학원 석사논문, 2002)와 중장기 계획인「영월책박물관 사업계획」, 십여 개의 박물관 타운 건설계획인「이상한 나라의 박물관 사업계획」등이 포함된다.

그러던 2006년 8월, 영월군은 책박물관이 자리하고 있는 광전리 마을회관에서 책마을 선포식 및 사업 평가보고회를 가졌다. 앞에서도 언급했지만 '책마을'이란 책박물관 주변 마을 일대가 서점과 공연장, 문화예술인의 작업실, 카페 등으로 어우러진 문화마을을 이름이며, '책마을 사업'은 박물관을 개관하면서부터 계획하고 준비해온 사업이다. 이미경 선생의 논문 「영월책마을 환경설계」는 영월군의 박물관 고을 육성사업의 지침이 되어, 현재의 박물관 사업과 책마을 사업으로 발전되었다. 그러나 어찌 된 일인지 새로 온 담당공무원은 그 동안 내게 책마을 사업에 대한 어떠한 의견도 묻지 않았고 들으려고도 하지 않았다.

극단적인 예로, 나는 책마을 선포식 개최 사실을 행사이십 분 전, 지방 출장길에 마을 주민에게서 전화연락을 받고서야 알았다. 영월군에서 책마을 선포식을 하는데 정작 책박물관 관장인 내게는 이러한 사실조차도 알리지 않았던 것이다. 책마을 선포식이라면 적어도 선포문 정도는 작성해야 할 것이고, 그 밖의 여러 가지 상의할 일도 많을 텐데 내게 아무런 연락이 없었다는 것은 도무지 이해가 되지 않았다. 담당공무원은 심지어 한 신문과의 인터뷰에서, "책마을 사업과 책박물관은 무관하다"고 말하기도 했다.

나는 이 일을 계기로, 그 동안 맡고 있던 영월군 박물관 협회장 자리를 내놓았다. 영월군의 박물관 고을 육성사업에 깊은 회의감이 들었기 때문이다. 그리고 그 다음날로, 개관 이후 팔 년 동안 단 하루도 문을 닫지 않았던 박물관을 무기한 휴관하고, 고민 끝에 호산방을 서울로 옮겼다.

영월에서 우리 가족이 거처했던 곳은 박물관 한편에 있는 허름한 관사다. 말이 관사지 십여 년 이상 사람이 살지 않은 건물이라 수리를 몇 차례나 했지만 벽과 천장에 온통 곰팡이가 슬고 겨울에는 연탄난로를 두 개씩이나 때워도 거실에서는 물이 얼 정도다. 또 해마다 한겨울이면 수도는 물론 박물관 화장실까지 얼어 터지기 일쑤다. 한번은 영하 이십 도가 넘는 강추위가 일 주일 정도 계속되자 관사로 통하는 수도관이 그만 얼어 버렸다. 박물관의 수도는 지하수를 펌프로 끌어올려 사용하고 있는데, 물탱크는 펌프장에서 백오십여 미터 거리의 언덕 위에 있고, 이 물탱크가 박물관 화장실과 관사로 연결되어 있다. 그 거리 역시 백오십여 미터가 된다.

전문가에게 물으니, 다행히 펌프장에서 물탱크까지는 얼지 않았다고 한다. 그러나 물탱크에서 관사까지의 백오십여 미터 구간 중 어느 부분이 얼었는지 찾을 수가 없고, 엄동설한 중에는 암반지형에 포클레인 작업을 하기도 어렵다고 했다. 또 수도관이 얼기 시작한 지 오랜 시간이 지났기 때문에 얼어붙은 범위가 점점 확대되어 사실상 작업이 불가능하다는 것이었다. 그러면서 대안으로 내놓는다는 것이, 물탱크에서 엑셀 피브이씨관을 연결해 땅 위에 그대로 노출시킨 채 겨울을 넘기는 방법밖에 없다고 했다. 이 경우에는 수도꼭지를 겨우내 조금 열어 놓아야 물이 얼지 않는다는 것이었다. 한참을 망설였지만, 다른 방법이 없을 것 같아 그렇게 하기로 했다. 파이프를 물탱크에 연결하자 하얀 피브이씨관을 통해 물줄기가 흐르는 것이 보였다. 십여 분이 지났을까. 또다시 물이 나오지 않아 피브이씨관을 따라가면서 확인해 보니 그 사이에 파이프 안에서 꽁꽁 얼어 있었다. 그날 한낮의 기온이 영하 십 도가 넘었다.

이러한 현실 속에서 나는 언제부턴가 집안에서는 무능한 가장으로 전락했다. 그러는 동안 초등학교 오학년, 중학교 일학년이던 두 아들은 이곳에서 고등학교를 마쳤다. 영월로 이사하면서 무엇보다 아이들 교육문제 때문에 걱정을 많이 했다. 학교에 가려면, 두세 시간에 한 번 오는 버스를 타고 험한 고갯길을 사십여 분이나 달려야 했다. 눈 내리는 날에는 고개를 넘을 수가 없어 발을 동동 구르기도 했다. 학교를 마치고 집으로 돌아올 때는 버스 시간이 맞지 않아 길거리에서 한두 시간씩이나 보내야 했던 아이들을 볼 때마다 마음이 편치 않았다.

지금 생각해 보면, 나는 아이들을 위해 해준 것이 아무것도 없다. 이 산골로 데리고 와서는 마음고생만 시킨 것 같았다. 그래도 어린 시절을 이런 산골에서 보낸 것이 훗날 세상 살아가는 데 많은 도움이 되리라고 애써 위안해 본다. 언젠가 아이들이 내게 이런 말을 한 적이 있다. "매일 보는 산과 나무들인데 어제 보았던 그 산과 나무들이 아닌 것 같다"고. 자연은 우리 아이들에게 이런 아름다운 마음을 길러 주었다.

### 책박물관에서 책마을로

책마을은 과연 만들어질 수 있을까.

지금까지 영월에서 박물관을 꾸려 오면서 가장 힘들었던 것은, 생활의 불편함이나 경제적인 어려움보다도 주위의 무관심과 냉소였다. 의롭지 않은 것을 보고도 침묵으로 일관하는 영월군의 태도에 나는 어쩔 수 없이 이방인이 될 수밖에 없었다.

다시 말하지만, 책마을은 지금의 책박물관처럼 자생적으로 만들어져야 한다. 나는 이를 위해 그 동안 적지 않은 지인들을 이 사업에 동참시키고자 준비를 해 왔다. 이들 중에는 문화 예술인을 비롯해 각계각층의 전문가뿐만 아니라 지극히 평범한 사람들도 포함되어 있다. 이들은 책마을에서 사업을 하고자 하는 사람들이 아니라, 나처럼 전 가족이 이주하여 이곳에서 제이의 인생을 설계하고자 하는 사람들이다. 지금 나는 이들을 대신해 그 가능성을 시험받고 있다.

어떻게 들릴지 모르겠지만, 나는 영월책박물관이 언젠가는 영월군민을 먹여 살릴 거라는 생각에 박물관을 세웠다. 그것이 나의 세대에는 빛을 보기 어려우리라는 것도 잘 알고 있다. 그것이 바로 박물관 사업이다.

산골 폐교에, 폐교만큼이나 옹색한 시설, 이런 곳을 어떻게 박물관이라고 할 수 있겠는가. 내가 지금까지 영월에서 펼친 박물관 사업은 책마을로 가기 위한 준비 단계였다. 이쯤에서 나는 그것을 당당하게 평가받고 싶다. 이제 책마을의 실현 가능성은 우리 문화계와 영월군의 의지에 달려 있는 것이다.

# 찾아보기

박대헌(朴大憲)은 1953년 서울에서 태어나,
동국대 정보산업대학원 신문방송학과를 졸업했다.
1983년 고서점 호산방(壺山房)을 열어 현재 인사동에서
운영하고 있다. 1999년 영월책박물관을 설립하고,
2013년 전북 완주군 삼례책마을로 박물관을 이전하여
책마을 사업을 펼치고 있다. 저서로『서양인이 본
조선』(1996)과『우리 책의 장정과 장정가들』(1999)이 있고,
위의 두 책으로 제37회, 제40회 한국출판문화상을 수상했다.

# 古書이야기
## 壺山房 주인 박대헌의 옛 책 閑談客說

| | |
|---|---|
| 초판1쇄 발행 | 2008년 5월 15일 |
| 초판2쇄 발행 | 2013년 7월 20일 |
| 발행인 | 李起雄 |
| 발행처 | 悅話堂 |
| | 경기도 파주시 문발동 520-10 파주출판도시 |
| | 전화 031-955-7000 팩스 031-955-7010 |
| | www.youlhwadang.co.kr yhdp@youlhwadang.co.kr |
| 등록번호 | 제10-74호 |
| 등록일자 | 1971년 7월 2일 |
| 편집 | 조윤형 · 배성은 |
| 북 디자인 | 공미경 · 이민영 |
| 인쇄 · 제책 | (주)상지사피앤비 |

* 값은 뒤표지에 있습니다.

**My Rare Book Story** ⓒ 2008 by Pak Taeheon
ISBN 978-89-301-0334-3

이 도서의 국립중앙도서관 출판시도서목록(CIP)은 e-CIP 홈페이지
(http://www.nl.go.kr/ecip)에서 이용하실 수 있습니다.
(CIP제어번호: CIP2008001400)